陪着陪着就长大了

自你出生，我再无志向，
只想做个够好的妈妈，
配得上此刻与你携手，未来与你对望

钟煜/著

中华工商联合出版社

图书在版编目（CIP）数据

陪着陪着就长大了 / 钟煜著. --北京：中华工商
联合出版社,2017.8
  ISBN 978-7-5158-2073-6

  Ⅰ.①陪… Ⅱ.①钟… Ⅲ.①家庭教育 Ⅳ.①G78

中国版本图书馆 CIP 数据核字（2017）第 188621 号

陪着陪着就长大了

作　　者：钟　煜
责任编辑：林　立　崔红亮
封面设计：周　源
封面插图：文　斯
内文插图：于阅微
责任审读：李　征
责任印制：迈致红
出版发行：中华工商联合出版社有限责任公司
印　　刷：唐山富达印务有限公司
版　　次：2018 年 5 月第 1 版
印　　次：2022 年 2 月第 2 次印刷
开　　本：710 mm × 1012 mm　1/32
字　　数：150 千字
印　　张：7.5
书　　号：ISBN 978-7-5158-2073-6
定　　价：32.00 元

服务热线：010－58301130
销售热线：010－58302813
地址邮编：北京市西城区西环广场 A 座
　　　　　19－20 层，100044
http://www.chgslcbs.cn
E-mail：cicap1202@sina.com（营销中心）
E-mail：gslzbs@sina.com（总编室）

前 言

今天是母亲节。

我的第 9 个母亲节。

翻着面前的一沓书稿，我有些恍惚。

这些文字，绝大部分来自我从怀孕到女儿上小学前断断续续的记录，这些记录，从我的微信公众号发出来，有一个统一的名字，叫"游记"。

我的女儿，叫游游。 这些文字，记的是她的成长，存录下来的，其实是我在妈妈这个角色里不断挣扎、努力向前的过程。

在我还没有当妈妈的许多年里，听到的最多的话是——"等你生了孩子，肯定是个特别棒的妈妈"。

嗯。 我从 24 岁起开始在一本育儿杂志做主编。 等到我 32 岁当妈妈的时候，已经跟尿布、奶瓶、玩具和早教班，以及各种各样的育儿理论打了八九年交道，认识了各种各样的妈妈，听过各种各样的成长故事，也有幸被育儿领域的各位出色的专业人士耳提面命，受益颇多。

但是，成为一个妈妈，仍然是生命中最令我错愕的一件事，并且持续不断地为我制造惊奇、危机，以及左右为难的境遇。

我最大的愿望，是有一个像蜡笔小新那样的孩子——乐观、有强大的"钝感力"和"迷之自信"。这样的小孩会很容易快乐吧，我想。

然而游游极敏感、谨慎，对安全感有超高要求。小时候任何一点生活常规的变化都需要经历漫长的适应过程，长大了仍旧容易因为"袜子缝对不齐"这样的事纠结郁闷。于是，这些年来，我必须不断深呼吸，才能安静面对"我做得够好吗？"的追问。

我在工作的很多年里一直在探寻的问题是：如何帮助妈妈做到工作、生活、家庭平衡美好？然而我做妈妈之后奋力在做的，不过是像一个练杂耍的人，将"工作"、"孩子"、"家人"和"自己"这几个球匆忙抛起又掂量着接住。哪里有平衡可言，技巧全在 5 个字——"排列优先级"。

如果说过往的工作经历给了我什么，那就是"看得多一些"。而我和女儿一样敏感内向的个性又让我习惯于"想得多一些"。

这本小书结集的，就是我的"看到"与"想到"，是我与女儿相扶相携、相互容让的成长录。

那些琐琐碎碎的欢喜与为难，困惑与安然，或许，在某一个翻页间，会应和到你内心的某个节拍，你会轻轻念一句："哦，原来我们都是这样过来……"

嗯。这就对了。

握手。

目 录

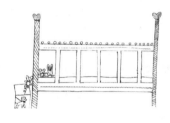

陪着陪着就长大了　　　1

我和小游的睡前时光　　　4

让孩子感受赢 or 准备输　　　9

好妈妈的另一面　　　13

照书养？ 照猪养？　　　17

小游的芭蕾课　　　21

来吧小屁孩，我们谈谈人生　　　27

这就是我吧　　　35

小朋友的百科类书（一）　　　39

小朋友的百科类书（二）　　　44

最典型亲子冲突（一个郁闷早晨的自省）　　　50

说说外公外婆　　　56

CONTENTS

育儿专家不知道的事　　61

谁家还没个熊孩子　　66

当你离开，一个优秀的女人会继续生活　　73

孩子跟人要吃的怎么办　　79

亲爱的小孩儿　　84

我的小公主去哪儿啦　　90

爸爸的光芒　　95

不开心，就"蹦咔"一下　　100

游妈答问之说说绘本　　104

不上幼儿园　　110

理想中的幼儿园　　119

幼儿园之可以不理会的私人建议　　124

目录

54天小游入园记　127

旅行有什么意思　137

给幼儿园老师的"介绍信"　140

入园准备碎碎念（上）　144

入园准备碎碎念（下）　149

妈妈要去上班了　153

Online 时代，我闭嘴　156

读书的心情　159

放下一点点　161

要不要上早教课　164

送什么礼物给老师　170

给一位"迷茫"妈妈的回信　175

CONTENTS

睡不着为什么要数羊　179

把尿不把尿　182

断奶、夜奶及其他　185

聊天，很重要的成长练习题　194

成长有没有捷径　199

何谓缺少？如何寻找　202

Follow Your Heart 有多难　204

孩子为何不满足，以及何为满足　209

爱是接纳　216

其实更爱　219

所有"代班圣诞老公公"，节日快乐　221

只想做个够好的妈妈　225

陪着陪着就长大了

　　"陪伴"应该是我这几年来提及频率最高的词。作为父母，我们理所应当地陪玩、陪睡、陪读，陪各种吃喝拉撒。这么陪着陪着，孩子就长大了。

　　翻翻以前的日记，旧时光重新被定格，忍不住又想，是我在陪她长大，还是她陪伴了我无数个心无旁骛的美好？

　　2个月：

　　最近，我对付她的啼哭又有了新方法——对她笑。她只要一看到眼前有人冲她绽开笑脸，就会学着笑，哪怕是刚刚瘪嘴要哭，也就立刻笑了。当然，过一会儿她会想起来："啊呀，人家原本是打算哭的。"于是收起笑脸，又开始哭。

　　4个月：

　　她是"早起的鸟儿"。每天早晨5点准时醒来（一个月前是4点），便

陪着陪着就长大了

不肯再睡。 忙着挥手踢腿，忙着"咿咿呀呀"练声，最近还忙着以屁股为支点在小床上转圈，以及忙着吃手。 当然，她的这一系列活动都是必须有观众的。 所以，如果老爸老妈胆敢躺着不起来，她会立刻模仿被虐待小孩的声音高叫，直到我们睡眼蒙眬地站在她床前挥手："早啊，游游。"

1岁半：

半夜游忽然大哭，各种拍哄和安慰都没有用，只好把她抱起来。 她抽抽噎噎地继续哭，一边努力往我怀里钻，小胖胳膊伸出来，使劲楼着我的脖子，泪水、汗水和奶味涂了我一身。 我也回应地抱紧她，轻轻拍她的后背，像她小婴儿时期那样晃着她，哄她。 夜，又燥热又宁静。 晃着，哄着。 想起曾经有过的那些不眠的夜晚，那种熟悉的、幸福的疲惫。

2岁半：

游的亲子课结束时，老师号召家长和小朋友一起帮老师收拾满地的玩具。 大人小孩于是一拥而上。 我坐在角落，看游小小的身影在杂乱中奔忙——撞到大人腿上，就换条路走。 看中的玩具被别人先拿走了，发一秒呆再找下一个玩具。 绊倒了，又爬起来。 被挡住，就换个方向。 看着她，我有一点儿难过，又有一点儿欣慰。

3岁：

我们时有冲突，往往以她的顽劣为序幕，从我的恼羞成怒开始，高潮是她不顾一切的号哭，结局通常是抱抱和亲亲，也会延续我的懊悔与内疚。 曾

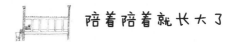

问她："妈妈凶吗？"她立刻答："凶。"随后又说："还可以吧，就是有那么一点儿凶。"

今天早上，4岁半的游忽然搂住我的肩膀热切地说："妈，等我8岁了，我卤鸡蛋给你吃！"

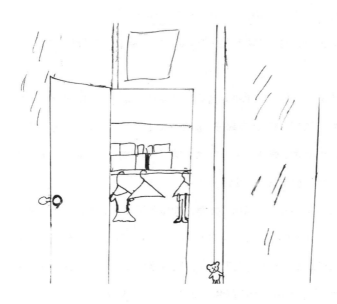

我和小游的睡前时光

　　我晚上下班回家的正常时间是 7 点半。7 点半至 8 点半之间，我一边匆忙往嘴里塞晚饭，一边听小游和外公外婆交替讲述一天的状况，然后陪看动画片。游会贴心地把外婆"轰走"："外婆，你去看会儿报纸吧，我妈妈陪我。"

　　8 点半开始说服小游洗漱（中间省略无数字的劝说、诱骗、威胁），然后刷牙。若她和我的心情和状态都好，那么通常她自己刷一遍，我再给刷一遍（若我太累，也就随她草草了事；若她心情不好，就自己不动，完全要我来刷）。刷牙其实只是前奏，然后……

　　她要自己洗牙杯和牙刷（因为"外婆说你总是马马虎虎的，洗个杯子都洗不干净"），通常要洗三至四遍。然后再满满接一杯水，开始玩"下雨游戏"。先是倒出细细的水流（毛毛雨），然后略大（小雨），然后依次是"中雨"、"大雨"，最后用力将剩余的水泼出，口中大喊"轰隆隆隆"，这

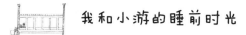

个，当然是"大暴雨"。其间她常会说错顺序或者遗漏，那么，好的，一切从头开始再来一遍。

然后是第二个游戏"放牙膏"。她执意要往自己小小的牙杯里放进一把牙刷和一大一小两个牙膏，每次都乐此不疲地尝试各种新的摆放顺序和方式。本周开始又在这个游戏里加了新内容：每放一个牙膏时要求我吓唬她（在她耳边大喊一声），然后她作惊吓状，"慌乱"地把牙膏扔到水槽里。每次都开心得不行。

然后洗脸。

洗脸必须洗3次，因为她要玩3次"吓唬妈妈"的游戏。游戏要求我拧好毛巾，作傻乎乎的和蔼可亲状走出卫生间大喊"游游啊，来洗脸啦"！然后她躲在卫生间门口，做凶恶的小老虎状，尖叫着扑过来。游戏重点是我必须（表现得）真的被吓到，完美的表现方式是脸现惊恐，一手抚胸，双脚跳起。任何一个部分做得不到位，她都会皱眉表示不满，甚至要求"再来一次"。

然后洗PP、洗脚（中间省略无数字的劝说、诱骗、威胁）。

她通常会要求自己洗脚，并且轰我"妈妈，你看会儿手机去吧"。等她终于喊"洗好了"的时候，迎接我的基本是全被弄湿了的袖子、拖鞋和满地水。

然后擦脚吧。

陪着陪着就长大了

不，等等！

她在脚盆里并齐双脚，念念有词："左脚是游游，右脚是妈妈，我看看谁站得好，谁乖就让谁先擦。"10 次里有那么一两次，她会温柔地摸摸我的脸，轻叹一声说："算了，这次算妈妈乖，让妈妈先擦吧。"

擦洗停当，收拾玩具，给外公外婆道晚安，回卧室睡觉（中间省略无数字的劝说、诱骗、威胁）。

妈呀，累了，下面我写快一点儿。

回卧室的第一件事是跳舞。我用手机里的豆瓣电台放歌（是的，我给她放的都是我爱听的歌），她自己合着音乐跳舞。

然后，按照芭蕾老师的要求复习动作——"劈竖叉"和"趴大青蛙"。为了让游同学始终保有热情和积极性，通常是她做一遍，再教我做一遍（嗯，陪伴，有时候要用生命来冒险）。还好我做的时候她会飞快地数到 10，让我起来（"妈妈，你知道我为什么数那么快吗？因为我怕你疼。"）。

然后讲故事。她说 3 个，我说一个，然后达成协议，讲 2 个。

然后按摩背，然后捏手。

然后，终于躺下，讲"今天最快乐的事"。

然后是"问问题的时间"，她问我 5 个问题（比如，"人为什么要有鼻子啊？""妈妈，你几岁啦？""为什么擦 PP 的纸不能擦鼻涕啊？"等

我和小游的睡前时光

等），然后我得问她 5 个问题（我乘机打探下她最近有没有打算"跟谁结婚"，外婆又说我什么坏话了之类）。

然后，该睡了。

"我要喝水。"

"尿尿！"

"还要喝水。"

"妈妈我不想你明天上班。"

"妈妈我想要一双跟乐乐一样的鞋。"

"妈妈你看，爸爸又在看手机了。"

"妈妈……"

"ZZZ……ZZZ……"

你们猜，是谁睡着了？

每晚下班回家到游睡着的这不到 3 个小时的时间，就是工作日我能陪她的所有时间。麻烦在于，这往往也是我一天中最疲惫、状态最 low 的时间。所以我时常会郁闷，会焦躁。游是个敏感的小孩，她会问："妈妈你为什么脸上显出不高兴的样子？"我便老实回答："因为我太累了。"

但是我也在努力。在这段时间里，我努力的方向是"放下"。

放下我在一天工作中无意间积累的负能量。

放下我"还有 N 个方案没写完"的焦虑。

陪着陪着就长大了

放下"你还不快睡，明天上学要迟到了"的压力。

放下"我是个妈妈，她是个小孩"而带来的莫名的"责任"。

放下"这些事儿好无聊"的念头。

放下外公外婆偶尔会投来的"你太惯她了"的目光。

放下……

我和游每天就那么 3 小时可以厮混，我们想干嘛就干嘛。

让孩子感受赢 or 准备输

翻看旧文章，读到这样的困惑："最近我2岁的女儿喜欢在临睡前跟我和爸爸玩这样一个游戏：躺着，高高抬起双腿，看谁保持的时间长。她一直要赢，甚至会要求我说：'妈妈你把腿放下。'然后再自己得意地抬起双腿，开心地说：'游游还抬着呢。'"

我也不知道该怎么办。大部分时候我会听她的，让她赢，甚至配合夸张地做出痛苦的失败表情。她就会非常开心。我想，让她开心吧，这是我最愿意做的事。不过，偶尔心里会有些不确定——这样做对吗？

现在游已经4岁半了，仍然在所有的事情上只赢不输。哦，不对，有个大的变化——她可以接受我赢，甚至会故意为我创造赢的机会，比如，猜谜语之前先悄悄把谜底告诉我。我想这是因为她跟我关系好。"亲密关系让孩子更有公平心"，这是我上星期翻《西尔斯亲密育儿法》读到的。但这是另一个话题了，今天主要是想说说孩子的输赢。

陪着陪着就长大了

我并没有本事把这个话题说清楚。但是我的"育儿圣经"《游戏力》里刚好有一个小的部分讲到与孩子做游戏的输赢问题，非常受用。便一字一字敲下来，跟大家分享。

有人问一群4岁的孩子，他们是想跟同伴玩，还是想跟父母玩？大部分的孩子选择了父母。你很惊讶吧？他们说：和父母一起玩，他们可以获胜，可以主导游戏。而他们的同伴则一般不会因为实力悬殊而主动做出让步。通过命令父母，或者在篮球场上打败他们，孩子得到了一些安全依附感的补充，他们才可以出去和同伴较量。

当游戏有输赢胜负时，很多家长都抱有磨炼孩子、让他为未来做好准备，以面对残酷竞争的想法。竞技比赛里尤为明显，各种棋类游戏也是如此。与母亲相比较，父亲更可能采用这种方法和态度，特别是对待儿子时。很多父亲都坚持认为，他们从来不让儿子赢，只有这样，儿子才能准备好在未来与对手竞争，那些对手是不会故意输掉比赛的。但是，一个成年男子和一个孩子比赛并不公平吧！所以这样做，到底在为孩子准备了什么？世界是冷酷无情的，对吗？

不断有家长提到一个问题："下棋时，我什么时候才不用让着孩子呢？"这是我最爱的问题之一，但是很难回答。你想借一场简单的棋局完成许多事：你想要他享受游戏；你想要增进他的棋艺；你想要他培养一点斗志，但又不要太多；你想要他在赢的时候有风度，输的时候也有气量；你想让他知道，他的同伴不会像你这样让着他。

通常，从让他们赢开始，然后逐渐提高困难度。你会进进退退一阵子。即使孩子已经能够公平地击败你，有时他们仍然会希望你用"特殊的规则"来玩。有时他们希望赢，有时又希望有点儿挑战才好。所以我想，你最好还是跟着他们走。也许你已经过渡到公平游戏的阶段，或者已经加大了一点难度，游戏开始之后，你发现孩子的意思是想赢下这场比赛。情况也许刚好相反，你想让一下，让孩子赢，他传递出来的信息却是想真刀真枪地杀上一回。孩子可能不会开门见山地说，所以要准备好，注意一些暗示的信息。他可能说："好无聊喔！"或"你刚才让我了吗？"你可以回答："嗯，我没有尽全力玩，你想要我尽全力吗？"也可能他们对胜利得意不已，即便是你让了他。你可以说："我是不是应该使尽全力，不能总让你赢啊？"然后看看会如何。如果进行得不错，经过一段时间，孩子会平衡两种感受——享受胜利，即使不是完全公平，以及享受挑战，即便他们输了。

你也可能需要花些时间来注意孩子对竞争的感受。孩子如果每次输了之后都非常生气，或者在赢的时候不可一世，那么他们在传递的信息是，他们需要大人的特殊帮助，帮助他们学会处理比赛胜负的情绪。在那种情况下，我们需要从玩游戏，转换到"玩"这些情绪处理的主题。例如，安排一场游戏让孩子一直赢，但是你扮演一个滑稽的痛苦失败者。也可以先夸大自己有多么棒，然后每个动作都出错——他们捧腹大笑的同时，也就忘记了输赢导致的尖锐感受。

——摘自《游戏力》，作者：科恩　翻译：李岩

不知道你是否留意了文章里这样一句：通过赢得与父母的游戏，或者在游戏中命令他们，"孩子得到了一些安全依附感的补充，他们才可以出去和同伴较量"。嗯，父母通过游戏，不断蓄满孩子"安全感"这个杯子中的水，孩子才能有力量走出去，面对伙伴，面对世界。这是《游戏力》整本书始终在强调的事。所以家庭里的游戏，主要的作用不是所谓"磨炼"，而更多是创造亲密感和补充安全感，这一点想通了，许多与"输赢"相关的困惑是不是也通了？

最最重要的：游戏的结果绝不仅仅是输赢而已，你需要帮助孩子处理的其实是情绪。孩子需要借由这个游戏处理什么不好的情绪，获得什么好的情绪，填充什么缺失的内心感受……发现并和孩子一起解决这些问题，是父母面对的大挑战。

好妈妈的另一面

发出那篇《我和小游的睡前时光》之后，收到很多回复，大部分是：

你真有耐心。

游太幸福了，有你这样的好妈妈。

向你学习。

我怎么就做不到和你一样呢？

……

这样的反馈让我忽然有些后悔，觉得不该写那样一篇文章，或者，至少说那篇文章写得很不好。

你会觉得我太矫情吧？

嗯，我的意思有两个：第一，我决不希望你看完文章之后和我比较，最

陪着陪着就长大了

糟糕的是还得出"我做的不如你"的结论。 第二，这篇文章，写的其实只是我的一面。

那么另一面呢？

我是个忙乱的上班妈妈。 孕期出了四次差（最后一次因为肚子太大，差点被拒绝登机）。 工作到预产期前一周，产假只休了三个月。 我多数的周末都只能休息一天，另一天要写稿子。

我是个过于自我的女人。 怀孕的时候始终拒绝穿防辐射围裙（公开的原因是认为没用，私下的原因是嫌太难看），也没有停止过喝咖啡的习惯（但是会选择稍显得健康点儿的拿铁并自动控制在每天一杯）。

我推崇母乳喂养，但是还是在游游 11 个月的时候给她断了奶。 原因是喂夜奶和频繁出差导致的睡眠不足令自己身心疲累。

我不善家务而且懒惰。 游游至今为止几乎没吃过我做的饭（记忆里曾兴致勃勃地给她煮过一次意大利面，结果她嚼不动，而我也因为遭外公外婆的"鄙视"而丧失了练习厨艺的勇气）。

我在某些方面对游过于纵容，比如我不把尿，所以游直到两岁多晚上还要穿纸尿裤。 比如她至今都赖在我们的大床上跟我睡，拼在一旁的小床形同虚设。

我内向不善交际，虽然随着游的长大一直在努力拓展我的妈妈朋友圈，但依旧没有能力像有的妈妈那样，常能召唤一大帮妈妈和孩子一起玩。

好妈妈的另一面

另一面也包括：

我很幸运。

我的爸爸妈妈从我怀孕起就来帮忙，5 年来，他们包揽了几乎一切家务，所以我才能毫无负担的做个只负责"陪玩"的妈妈。

我的工作时间相对自由，虽然要付出熬夜和周末工作的"代价"，但我也因此可以坚持每天早上送游上幼儿园，晚上基本不在办公室加班，把游哄睡之后再继续工作。

还有游爸，他负责开车接我下班，送全家出去玩，负责陪游上芭蕾课，负责示范和陪伴游的一切需要大体力活动，也负责一半的讲故事、换衣服、收拾和清洁，所以我才可以有喘息的空间，甚至偶尔可以练练瑜伽，涂个指甲油。

另一面还包括：

我绝对是个对个人时间要求很多的人。 这种密集的陪伴如果时间很长——比如周末两天她都跟我缠在一起，我就会感觉喘不过气来，甚至觉得郁闷和焦虑。

那篇"睡前时光"其实应该加上这样一个结尾，这段，是我直接 copy 的自己某天发的一条朋友圈：

24 小时无缝隙无停顿无喘息贴身陪伴终于可以按下暂停键。 趁小主默

陪着陪着就长大了

许（抑或是没想清楚），我把她扔给外婆，逃一般冲上楼，关上门，灭了灯，狂打了数十次"爱消除"，才长出一口气，耐心满格，耐力满格，好脾气满格。 我又变回全天下最好的妈妈了。

上萨提亚课的时候，记住了这样一句话："父母总是会以当下之所知所能，做出对孩子最好的选择。"这句话始终是我育儿路上最熨帖的一剂安慰剂。 而我的萨提亚老师林文采说得更好："每个妈妈都在尽自己最大的努力养育孩子，所以不必活在内疚里。 你越内疚，越难拿捏养育孩子的分寸……"

最后又说回"放下"——放下"做个好妈妈"的期待，只做自己，只享受当下，若说要有所期待，那么，我期待的是"成长"——我正在逐渐成长为一个比昨天更好的人。

照书养? 照猪养?

常常有人找我推荐育儿书。 对我来说,这是个难题。 我算是个爱读书的人,但是,第一,真正意义上的育儿书,我读得不多。 第二,那些在封面上就印着:"培养天才"、"聪明"、"好妈妈",或者"速成"、"捷径"之类的书,我从内心是很排斥的。

那么,我读什么书?

在某一期的杂志卷首语里曾经写到过:

第一千次,又有人找我推荐"最有帮助的育儿书"。 我深吸一口气,再次小心翼翼地写下:《孩子,你慢慢来》(龙应台),《有一天啊,宝宝》(蔡康永)。 再想一想,又加上一个——《游戏力》(劳伦斯·科恩著,李岩译)。

前两本我读过数次。 关于怎么做妈妈,它们不提供秘籍和捷径,却在每一遍的阅读里帮我慢慢调整自己的态度、立场和观念,陪我重新学习爱和感

陪着陪着就长大了

受被爱。

第三本则是最近半年一直在读。读得很慢，有时候对一句话会反复读很多次。比如，这句："孩子不断需要关爱和照顾，就像有一个杯子，不断需要蓄水。不断蓄满孩子的杯子，是亲子联结的根本。它不是一次性投入，而是需要不停添加，要坚持多年，表现在细微的日常互动中。"

是的，我的书架上也有一本《育儿百科》这样的书。实用。有一本在需要的时候备查，很方便。但我总是更愿意推荐这几本不那么"解决问题"的书，它们提供的能量，缓慢但持久，不救急却全效。这种能量，也许可以称为"智慧"。

做妈妈的时间越长，越发觉得所谓"育儿"的过程其实更是妈妈（也包括爸爸）自我修行的过程。每一件与孩子相关的大事小情，背后都是父母自己的脾气性格，修养和品位，再结合对孩子的判断而做出的选择。

比如，选择纸尿裤还是布尿布？在"好或坏"，"是否健康"的争辩之中，其实很难忽略的还有父母对家里整洁状况的接受度，对"大小便"的态度和对孩子自理能力的期望值。发烧到什么时候需要去医院？在考察妈妈的健康知识的同时，也在考验心理承受力。还有，所有和营养饮食相关的问题，几乎都牵涉一个家庭的饮食习惯和餐桌礼仪。

我常常说："成长没有捷径，有许多经历不可跳过，有许多经验必须孩子自己才能获得。"同样，我相信，做好父母也没有捷径。别指望哪本书里有秘钥，也别尝试复制什么人的模式，虎妈、狼爸或者其他人，即便他们的方式有效，也未必适合我们的孩子，即便适合，你我也未必做得到。

育儿，是一种简单又丰富的智慧，它存在于生活的每个缝隙。它来自母亲的本能，来自我们对自己的态度，来自不同人不同的人生经历和生活方式。它以最微妙也最难抗拒的方式决定了我们牵孩子的手走上哪条路，或者，放开他的手让他走自己的路。

我的朋友兰海曾写过这样的话："教育者需要多看'非教育'的书籍，获取更广博的信息。只有自己丰富了，才能让孩子从自己的身上感受更多；教育者需要看'心理学'的书籍，但不能只看或者唯信其内容，而是需要多接触孩子，多看电视电影多角度地体会各种人的情感，这样才能真正理解孩子和父母。一个优秀的教育者应该是道在前，术在后。"

很赞同这个观点，她说的是做教育的人，但对父母们同样适用。"教育"的功课，父母的功课，更多还是在于令自己的内心逐渐博大从容，眼光更加高远敏锐。方法或技巧也许能救一时之急，但不能解长远之惑。

最后，再分享曾为我最爱的一本"育儿书"——蔡康永的《有一天啊，宝宝》写的小书评：

这本书的作者，并未为人父母。而遇见这本书时，我也还不是妈妈。书的封面上印了一段话："亲爱的宝宝，你的人生就是你的，你感觉到风时，风才在吹，你把宇宙放在你心里，宇宙才存在。"

立刻觉得，这也是将来我想要告诉我孩子的话。

这本书我其实从未看完，它总放在书架最容易被拿到的那一层，在每一个小空闲里拿起来，随便翻开，乱读一段，安静、温暖和机智，足够我会心微笑。

因为这本书，在真正做了妈妈之后，我一直在尝试放弃"指导"，学习"陪伴"，以谦卑的态度重新成长。 这本书，有我非常欣赏的"父母之道"，如它的序里所说："宝宝啊，我只是比你早到而已，我也会比你早走。 我趁着比你早到的这些时间，提醒你一些人生不宜错过的事，以及另一些，最好是错过的事。"

我还想补一句：宝宝啊，我说的这一切，仅供你参考。

《游戏力》的译者李岩老师一直致力于这本书及其理念的推广，去年他将这本书集合自己及周围妈妈的经历改编成了一套图画书：《天天游戏力》。 如果你也更喜欢读图，可以先看这套书，也可以跟孩子一起看。 注意：书中李岩专门写的那薄薄的一本"给父母的话"一定要读哦。

小游的芭蕾课

昨天被依依的妈妈在 QQ 上纠缠了一上午，不停地说要不要给依依报跳舞班的事。 基本上就是依依小朋友上了两节公开课就不肯去了。 同去的另外两个小朋友，虽然也表现出不情愿，但是他们的妈妈仍然给报了名。 依依的妈妈就开始纠结：她不想逼着孩子学，希望孩子开开心心的。 可是大家都说学舞蹈哪有那么开心的，肯定得吃苦，但是孩子将来会尝到甜头的。

我最怕别人拿孩子的"将来"跟我讲理，我连当下都不怎么确定，将来？ 谁能保证？ 当然，依依的妈妈是个很聪明的小妞，她纠缠我其实不为了答案，就是为了有个树洞可以絮叨，说完了，她自己就找到路了。

但是我回答不了她的问题，还是有些惭愧，于是去翻我的旧笔记——我都快忘了游游刚开始学芭蕾的事了。

借这个机会，写个总结吧。

游上第一堂芭蕾课的时候是 2 岁 9 个月，是班上大概七八个女孩里最

陪着陪着就长大了

小的。

　　我相信游会喜欢芭蕾，是因为我深深了解她对粉红色蓬蓬纱裙的迷恋。
而决定报那个课，首先是因为工作关系认识了那个机构的一个负责人，聊天
时发现我们在很多方面都有共识，尤其是对孩子的态度和育儿观。其次是芭
蕾课是孩子独立上课，不能家长陪的，我希望这种体验能成为半年后她上幼
儿园的一个良好铺垫。否则从来没有离开过我的小游一下子被扔到幼儿园
去，后果真是……再次，老师在给我介绍他们的课程的时候只字未提什么技
巧提升或者考级之类，只强调，他们会想办法为孩子提供各种演出的机会。
我虽然一直也标榜自己可以接纳游的内向胆小，但也不能免俗地希望多给她
一些锻炼胆量和"见世面"的机会，所以，这个也吸引了我。

　　下面是我在微博上对她最初的芭蕾课的记录：

　　第一堂课，兴奋。但是坚决拒绝我离开教室。我跟老师商量：让我陪
几节课，如果一直不能适应，我们就放弃。那堂课，她有 2/3 的时间抓着我
的手指。但是在回家路上问她：下周来吗？答：来！

　　第二堂课，会给老师表演"花篮"pose 了，但始终要拉着我的手。后来
我说：咱们这样拉着，会影响别人上课。所以如果你拉着我的手，那么我们
就在旁边坐着看。如果你想跳，就要自己去。游好几次放开我的手走出
去，但半途又回来了。嗯。我耐心等她肯自己走出去那天。

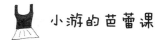 小游的芭蕾课

第三堂课，她终于不再拉着我的手，可以自己跟着老师跳舞了。我在一旁的凳子上坐着，她每跳一段还是会回来，在我身边磨蹭会儿，又跑向老师。不由得又想起《游戏力》里的话：孩子的内心，就像一个需要不断蓄水的杯子，需要不断添加，才获得足够的心理营养。加油，我和游！

这样拉扯了一个月，我可以坐在教室角落看她了（真的要感谢老师破例让我陪她那么久。我想我一定也给老师造成了各种不方便。后来我想过，如果老师不让陪怎么办？嗯。那我就决定放弃了。我从不愿意在这些方面逼游游）。然后我的位置逐渐退到门边，然后退到门外，答应隔着玻璃看她，并且保证她每一次张望都能看到我的眼睛。

后来我还写过：

游的芭蕾课后加了一节唱歌课，其实就是为圣诞演出学唱《雪绒花》。换了老师换了教室，游坚决拒绝加入，但又不肯离开。于是我搂着她坐在教室门口看。每个人都问：怎么不进去啊？我都笑笑回答：她愿意在门口。真不知道我会要陪游坐多少次门口，提醒自己耐心且甘心，不管她是否终有愿意坐进教室里那天。

陪着陪着就长大了

然后：

激动人心的第一次登台演出的机会到来了。 认真排练，开心准备衣服，美美地化了妆，到最后一分钟，游坚决不肯上台。 我们只好跟老师再三抱歉，带着她离开。 因为有了这样的"经验"，到了幼儿园联欢的时候，游答应和爸爸合唱。 给老师报节目时游爸写道："我们一直鼓励游参加这次演出，这对她的自信是个很好的挑战。 但以我们对她的了解，不排除她临时放弃的可能。 因此我自己也准备了一个独唱，做备用方案。"

嗯，养一个这样的小孩，我们永远要做最积极的努力，但也准备好接受各种可能的胸怀。

再后来：

游上芭蕾课差不多一年半了吧。 我不在乎她腿伸得直不直，腰下得好不好，我们也常因为有"比跳舞更重要的事（比如去公园野餐）"而逃课。 而且小游至今也不肯参加演出。 但看到老师给我留言说"游游现在能给新来的小朋友做示范了，比以前勇敢了很多"时，还是差点泪奔了，给了游一个大大的拥抱！

再再后来：

今天，4岁半的游游小朋友第一次登台演出。 这不是什么伟大了不得的成绩。 只是去年差不多的时间，她换好衣服化好妆，然后坚定地退缩了。 所以我只是想提醒自己，成长，很多时候就需要的是耐心而非——催化剂。

我觉得我又写"跑"了。 其实依依的妈妈问我的正经问题是：兴趣班要不要跟着孩子的兴趣走？ 如果孩子不想学，父母要不要勉强孩子学？ 这两个问题延伸开又变成：是不是孩子不愿意做的事就可以不做？ 那他要不愿意上学呢？

这问题好复杂。

首先，幼儿园还是要上的。 学也是要上的。 因为咱这样的普通人家，大概还得走寻常人的路。 但就因为有了这样的"必须"，其他事情上，我更愿意"随意"一些。

这么回答吧：在游小一些的时候，4岁以前吧，我觉得一切事情都是开心最重要。 就算是报了兴趣班，若有更开心的事，比如旅行，比如去公园疯跑，我们会毫不犹豫地逃课。 我还觉得喜欢最重要，孩子得先喜欢，才有学的动力。 以芭蕾为例，他们先跟着音乐跑跑跳跳，把动作都编成模仿小动物玩耍，而并不太在意技巧是否到位，这种教法，有家长不满，认为"啥也学不到"。 但我是很喜欢的。 我同时也觉得，游之所以一直喜欢跳舞，是因为她从舞蹈中得到的快乐在这样的教学方法中被保护而不是扼杀了。

她现在快 5 岁了，我的重点略有转移。 首先是开始强调坚持了，尽量不缺课。 老师也开始有了技巧练习的要求，我也会每晚睡前要求她练一遍——甚至不惜豁出我的老骨头陪她练。 因为我觉得她的心里也开始有"我想跳得好一些"的需求了。 但是，我也没有很严厉，实在不想跳了，或者不愿意练规定动作，想随便跳，我一般也随她。

老师曾劝我给游升一个班，因为觉得以她的程度，现在这个班有点"浪费"了。 可升班意味着周末也得不到 7 点起来去上课，我犹豫再三放弃了。

睡觉更重要，我觉得。

学芭蕾两年了。 游始终是个爱跳舞的小孩。 随便一段音乐她就能够恣意旋转和蹦跳。 我觉得，这个结果对我而言，足够了。

至于未来怎样，我还是觉得，慢慢走走再看吧。

如果一定要问未来，推荐你看篇《陈美的反叛》。 曾经红极一时的华裔小提琴演奏家陈美前不久以滑雪运动员的身份代表泰国参加了索契冬奥会。对她的成长路，你怎么看？

来吧小屁孩，
我们谈谈人生

—

"妈妈，今天涵涵叫我屁游。"

"哦，那你说什么？"

"我告诉老师。"

"老师说什么？"

"老师没听见。"

"然后呢？"

"我就不理他！"

"嗯，我觉得这也是好办法。今天你叫爸爸臭大屁了吗？"

"叫了。"

"爸爸有没有不理你？"

"没,妈妈。我困了,睡吧。"

二

"妈妈,木木说她不是我的好朋友。"

"哦。"

"她还说要把我扔到外面去。"

"是嘛?!"

"外婆说让我告诉老师。"

"你告诉了吗?"

"没。"

"我觉得你不一定要告诉老师。你问木木,你抱得动我吗?"

"嗯,她抱不动。"

"对啊,你都104厘米高了,她怎么有力气把你扔出去?"

(游立刻兴奋了,爬起来大喊):"妈妈!你看我高不高!"

三

"妈妈,我不喜欢小朋友看我的书,我把《大卫不可以》还有我的小书还有小领子(一小块布,是游游的安慰物)一起坐在屁股下面,他们就看不着了。"

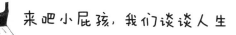

"你为啥不给人家看呢？"

"他们淘气。"

"哦，好吧。反正是你的书，你有权决定给不给别人看。妈妈支持你。"

谢谢你有耐心看完我和游的这些絮絮叨叨，它们大半发生在我们睡前的闲聊，我猜，你和你的孩子之间一定也有数不清的类似的对话。

很多年前，我还只是育儿杂志的编辑，并没有做妈妈。我成天泡在育儿论坛上。有一阵子论坛上特别火的一个话题是"孩子被欺负了怎么办？"一个妈妈发帖求助，说自己的孩子在外面玩的时候总被别的孩子欺负，怎么办呢？有很多妈妈支招，说让他打回去啊！也有更多的妈妈诉苦：对啊对啊，我们家也有这样一个受气包小孩，怎么办啊？然后，就有人发了一篇特震撼的帖子——别管他们。

嗯，那大概是 10 年前了，"孩子间的纠纷让孩子自己解决"还是非常非常新的育儿观念，所以那个帖子掷地有声，一下令我有豁然开朗之感。后来跟发帖的妈妈聊天，她继续跟我分析——除了大人不要介入孩子的矛盾之外，她说，那些非常紧张，非常担心自己的孩子"被欺负"的妈妈，"往往自己从小就是懦弱，总被欺负而不敢反抗的，所以她们才那么担心自己的孩子重蹈覆辙，并且内心暗暗希望自己孩子能做自己不敢做的事——打回去"。

嗯，嗯，嗯，我听的不停点头，分析得太有道理了。

很多年之后，我做了妈妈。忽然发现，当孩子告诉你"妈妈，谁谁谁欺负我"的时候，怎么回答，真不是个简单的问题。

首先，其实很难克制得住让孩子"打回去"的冲动，甚至恨不得"我帮你打回去"，想想孩子居然被人欺负，是个妈妈就会心疼。其次，我后来冷静地想过，那些能轻松说出"孩子的事让孩子自己解决"的妈妈，多数自己的孩子在社交圈里是强势的，所以她们难免有点说话不腰疼。

不过我还是赞同"孩子的事让孩子自己解决"的，而且这个部分并不是我今天要说的主题。我要说的是后一半——

我想说，面对孩子的问题，我们下意识的第一反应非常有趣，往往能够真实的反映我们自己的儿童观、价值观，以及深藏不露的对待自己的态度。所以，在跟孩子的交谈过程中，若能有洞察，其实是一个绝好的了解自己的机会。

当孩子说"妈妈，谁谁欺负我"。

你怎么回答？

"打回去！"

你信奉什么？你认为"人若犯我我必犯人"吗？你相信"以牙还牙"是解决人际矛盾的合适的方法吗？

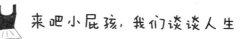

你担心什么？ 你担心"若不反抗就永远会被欺负"吗？ 你担心孩子太过胆小和软弱吗？

又或者，在你内心深处，的确藏着对自己的"胆小懦弱"的厌恶。

"告诉老师！"

你信奉什么？

你相信公平、正义和规则？ 你相信自己的孩子会在大环境中得到适合的对待？

你担心什么？

你担心反抗没有用，甚至会招致更多祸事？ 你担心孩子会形成"用武力解决问题"的习惯？

"别理他，惹不起躲得起！"

你担心什么？ 你又相信什么？

另外，我也还想问问，你的孩子，通常在人际交往中是恃强的一方，还是示弱的一方？ 你自己呢？ 在社交圈里，又扮演着什么角色？ 你和孩子的社交表现，符合你内心的期待吗？

孩子是一面镜子，让我们能照见自己的内心。 这句话，我深以为然。

游刚上幼儿园的时候，班里常常放"黑猫警长"给他们看。 她回来开心地跟我学黑猫警长拿枪瞄准的姿势，学得惟妙惟肖。 每当这样的时候，我心里就莫名其妙的很不舒服，但是找不到这种不舒服的根源。

陪着陪着就长大了

后来有一次去上苏小妹老师的课，她提到在育儿过程中很多做法或者选择"其实没有对错，往往只是不同父母因为价值观不同而产生的差异"。比如，苏小妹老师说，在她的家里，从不允许孩子玩枪，任何形式的玩具枪都不允许。一起听课的一位妈妈当下就着了急，慌乱地说"那，就那种小水枪也不行吗？"苏老师笑了："在我的家不行。但这只是我的规矩。"

我明白了她的意思，也为我对黑猫警长的不舒服找到了根源。

我跟游谈过一次：

"妈妈很不喜欢开枪把人打死了这样的事。"

"可是，打死的是坏人。"

"小妞你知道吗，死是很严重很严重的事。死了，这个人就没有了，消失了，再也不会回来了。我们就失去这个人了。"

"所以，即便是坏人，妈妈也觉得不该打死，我们可以找到别的惩罚他的方法。"

我不确定游明白了多少，对于黑猫警长以及其他类似事情的态度，也见仁见智。但我愿意用这个机会，了解自己对待生命的态度，并且将这样的态度与游分享。

还有一个常见的话题是："妈妈你为什么上班？"

你怎么回答？

脱口而出的答案里一定隐隐透露你对待工作的态度，并且要记住，在与

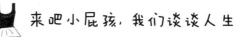

孩子的对谈中，你也在把这样的态度传递给他。

所以，我绝少简单地告诉游"妈妈上班是要挣钱给你买玩具"这样的话。我一定会唠唠叨叨地说一大篇话："妈妈工作是因为有些事必须要妈妈去完成。要不然我们就出不了杂志了，其他小朋友的妈妈就没有杂志看了。"

我还会给她举例：我们每个人的生活都离不开其他人的工作，比如，商场得有售货员阿姨上班，咱们才能买衣服（有一次游回答：没有售货员不是更方便，咱们去拿了就走了）。地铁得有司机开车我们才能去想去的地方。

嗯，是的。我算是个幸运的人，我的工作绝不仅仅是挣钱那么简单。我也希望游的将来可以从她的工作里获得责任感、成就感和丰富的内心。

还有前两天在这个微信公众号的后台，有妈妈发消息来说："我很担心孩子不肯跟别人分享玩具。"

我很想追问她："你为什么觉得分享很重要？你为什么希望孩子愿意分享？你觉得分享可以帮助他更容易被接纳吗？你担心他不被接纳吗？你担心别人会认为孩子'小气'吗？又或者，再暗黑一点——你担心会被别人认为没有能力教会孩子分享吗？"

最后，分享还是在苏小妹老师课上的一道题，大意是：孩子想把手伸到鱼缸里去抓鱼，你会什么时候叫停？

A 一开始就叫停。

B 让孩子搅和一会儿水，当发现他真的开始试图抓鱼的时候叫停。

C 发现孩子弄湿了衣服就叫停。

D 不会叫停。

没有标准答案，没有对错。 你的选择来自你的态度和价值观。

我选 A，我觉得鱼也有舒适生活的权利，无论出于什么原因，孩子都不应该去打扰。

有妈妈选 B，因为她觉得孩子自由探索的权利最重要。

有妈妈选 C，因为她觉得孩子的健康和舒适最重要。

有妈妈选 D，因为她觉得孩子的自由和快乐最重要。

你呢？

这就是我吧

在做妈妈之前，我已经做了差不多九年的育儿杂志编辑，而当我发现自己怀孕了的时候，曾经在博客里写下这样一段话：

"我从来也不相信，像我这样一个稀里糊涂、生活能力差、内心脆弱、对未来从来没有规划的人，怎么有能力为另一个人负责？怎么可能？

但是，他/她还是要来了。也不知道是情愿还是不情愿。

不过我已经渐渐想明白，既然来了，就跟着一起混吧。一起学习、一起努力、取长补短、共同进步。人生漫长又未知，还真的不好说，他/她和我，将谁教会谁更多，谁帮助谁更多，谁背负了谁的责任。"

正因为如此，这些年来，对于"妈妈"这个角色，我一直怀抱着"战战兢兢"的态度。大概也因为期待被放得很低，成长的空间就变得很广大，而最大的进步，我觉得，是对自己的"接纳"。

陪着陪着就长大了

"接纳"这个词儿近几年十分流行，成为各种"鸡汤"的主料。但对我而言，这是一个从心里开出花来的过程，每一个花瓣的打开，都带着战栗的痛，却也释放出不可抵挡的美好。我常常说，看见游，就像看见我自己。

我写过这样的笔记：

我常常在游的眼睛里，看到小时候的我自己。

在三十多年时光的尘烟后面，那个小姑娘躲在喧嚣里做着白日梦。

她永远不知道怎么开口跟不认识的人打招呼。她常常在热闹的时候觉得紧张。她有柔顺的眉眼，却始终竖着一根倔强的刺。她不喜欢争执，习惯性地选择沉默，却常常在心里大声歌唱。

她看见我，匆忙地低下头，咬着手指。

我蹲下来，张开双臂，安静地等待。

如果她来，我会给她一个大大的，温热的拥抱。

这是我小时候一直想要的。

如果她不来，我会一直等在这里。

这是我一直会做的。

哎呀，说得快比正文还长了。 我其实无非是想说——接纳，就是对自己最大的爱吧。

对孩子也是。

半年前接受过一次采访，主题大概就是关于怎么做个好妈妈之类的。 因为自己也常常要采访别人，所以，每次答应了"被采访"，我都会尽力配合。 尽管如此，那次采访还是进行得很不顺利。

对方希望我谈谈对孩子的期望，我吭哧半天，只说：少生病吧。 然后问到给其他妈妈的建议，我似乎也没给出像样的"经典语录"。 最后一个部分关于平衡家庭和工作，我沉默很久，对电话那头说：其实，我从来也没有平衡好过家庭与工作。 我的状态，更准确的形容是——挣扎。

那个可怜的记者，最后是靠读我的微博和博客完成了采访文章。 她问我的最后一个问题是："你是一个育儿杂志的主编，在很多妈妈看来是专家型的人物，为什么在你文字里，写最多的是矛盾、纠结、思考、甚至无奈和无助？"

我答："因为，这个，就是我啊。"

我对情绪和感受有比许多人多很多倍的敏感。 这种敏感令我太容易吸收周围人的情绪，尤其是我关切的人。 我的心理学老师说：敏感的人会看到更多美好的风景。 我同意。 但不得不承认，这种敏感和对情绪的吸收，也容易让我背负很重的心理负担。

陪着陪着就长大了

我有不能自制的完美主义倾向。小小的纰漏，往往能让我自责很久。

我偏"讨好型人格"，很难拒绝。说"不"对我而言是天大的难事。勉力开口，也常常难过很久。

可以想象到吧，当这样的我做了妈妈，在女儿、老公、父母的包围圈里，在工作、生活、自己的旋涡中，会是怎样的状态？

但是，这个，就是我啊。

我用了很多年的时间慢慢了解自己，女儿的出生，像增加了一面镜子，加速了这样的了解。我在工作中的学习、吸收、思考陪伴着这样的了解。将这些了解记录下来，就成了我的卷首、我的微博，以及许多长长短短的感慨、牢骚，还有求助。

而最应该感谢我的女儿和我的工作的是——他们帮助我接受了这样的自己。我可能苦恼，但从不羞愧。我常有无力感，但很少自责。偶尔的，我会陷入崩溃的境地，但会清醒地，奋力自救和求助。

这次的话题，是"爱自己"。我想，爱的开始，是"接纳"吧。与心里的自己时时相望，相视而笑。也愿意介绍你们认识这样的我自己。

这也是爱吧。

小朋友的百科类书（一）

　　我总是不可抑制地给游买各种常识、科学、自然、虫鸟、地理甚至工程之类的书，这似乎不太像一个女孩的妈妈干的事。细究原因，都说父母总想在孩子身上实现自己未能完成的梦想，我觉得我也未能免俗。

　　我是地地道道的"那种"文科生，"那种"的意思是——我记得小学二年级就被数学老师定性为"偏科"而遭全班同学鄙视。我记得童年胆小又孤独，非常想要一只蝴蝶又不敢抓，那种渴望现在还偶尔在心头冒一下。我记得父亲给过我"心灵手不巧"的评语，我虽耿耿于怀，却也无力反驳。我不辩方向，难分左右，走路时常磕磕碰碰，大学时候和某人第一次约了打网球，就当众摔了个……那啥。

　　所以，虽然努力要做一个心态开放，目光长远的妈妈，我对游也暗暗存着很多期望。

　　相对于头脑聪明，我更希望她身体灵活；相对于学得多，我更愿意她看

陪着陪着就长大了

得多；相对于气质优雅，我更在意她个性独立；相对于芭蕾舞，我其实更想让她学网球；相对于英语课，我更想给她报个乐高班。

是，我默默地希望她能成为一个坚韧、见多识广、大方、勇敢，能轻松地独立生活、继而拥有自由的灵魂的女子。当然，鉴于我想做个心态开放、目光长远的妈妈，所以只能把这些期待默默放在心里，任她迷恋粉色指甲油和粉色芭蕾裙、任她梦想做公主，给所有的娃娃都画上蝴蝶结。

我所能做的，就是给她买了好多百科类的书。

第一套是《第一次发现》。

这是早在怀孕的时候就屯的书了。先抄一段网上的图书简介。

《第一次发现》丛书是法国国宝级儿童科普经典，最早由法国咖利马少儿出版社编写出版，自 1989 年至今总计已出版了 200 多种，被译成 28 种语言，畅销 20 年，全球销量突破 5000 万册。

《第一次发现》丛书为 2~8 岁的儿童展示了一个神奇的科普世界，获得多项国际大奖，受到全世界儿童的喜爱。

中文简体字版《第一次发现》丛书从法文版中精选适合中国儿童阅读的 100 种图书，分为"透视眼"系列（72 种）、"手电筒"系列（18 种）、"放大镜"系列（10 种）三个系列出版。"透视眼"系列按内容又分为概念类、动物类、植物类、技术类、天文地理类、人体类、场所类 7 个子系列。

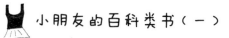

我给游屯的是全套 72 本"透视眼"系列（72 本耶！ 大肚婆的购买力和勇气真是不可小觑）。 然后，这套书游从差不多两岁开始看，一直看到现在。

什么叫"透视眼"？ 再抄一段网上的介绍：

这是一套运用解剖学原理、采用透明胶片双面绘画印刷的创新童书，在"透视眼"系列中，前一页是孩子平常用眼睛所见的现象，翻过透明胶片后，则是表象下的事物演变过程。

而我更欣赏这套书的是：

开本大小合适，厚薄合适，细致地切了完美的圆角，小手握起来不费力气也安全。

印刷非常精美，对各种动物植物、自然现象等有逼真的还原力（话说我始终觉得 15 厘米见方的简装切圆角，大概 30 多页的小书是儿童绘本最适宜的样子，对图与文都有妥贴的空间可以安置，孩子们又完全 hold 住，可以轻松地拿到这里那里，捧在眼前或放在膝上。 你们或者你们家的小朋友有过被重量级精装书砸伤的经历没）。

透明胶片的确是一大特色，有点像"翻翻书"产生的乐趣——哇！ 居然变这样了！ 小的时候不明就里，只觉得一翻就翻出个新世界，乐不可支，再大些就可以真的带着发现和寻找的目光去看了。

小的时候完全可以把这书只当作"小小孩认物"书（而且比大多数"认物书"精美得多），挑其中比较接近日常生活的来看，比如"四季"、"形状"、"好吃的水果"，随着孩子的长大再逐渐扩大到"热带植物"、"甜甜的糖"，然后是"火山"之类。

带游出门，随手抓几本"第一次发现"，就足够打发车上、路上以及各种等待的时间了，还不增加负担。

大孩子的父母，可以尝试"手电筒"和"放大镜"系列了。这也是我近期的 wish list 上的书。

第二套是《新概念幼儿情景认知绘本》。

这套《新概念幼儿情景认知绘本》是游的藏书中比较特别的一套。我买的一共四册，分别是《一天中的城市》《一天中的火车站》《一年中的农场》和《一年中的建筑工地》，刚才在网上搜图的时候看到似乎还有别的。

我本来不太喜欢过于强调"认知"的书，风格上也更倾向手绘的绘本。但这套明显是电子绘图（专业词儿应该不这么叫）的"认知绘本"却破例深得我们母女的喜爱。

从标题已经可以了解内容了。基本每页是一个场景。

以《一天中的城市》为例，每页表现的是从早6点到晚12点，在同一个地点，以同样视角看到的不同时间点的不同场景。比如早晨6点，一对夫妻准备起床，冷清的街道上清洁工在打扫，刷夜的人才打算归家，加班的人疲惫地伸着懒腰……而到上午 8 点，夫妻二人准备上班了，街道繁忙，人群步履匆匆，两辆车撞了，一片混乱……

每页都能看到因为时间变化带来的光影变化，同一角色不同的生活内容，不同人不同生活轨迹。每页都有小挑战，让孩子寻找一些小物品，比如，一个废弃的垃圾桶，一个正准备行窃的小偷……

起初我并不认为游会喜欢这套书，因为场景很复杂，描写的生活很复杂，而且明显是西方的生活场面，有强烈的距离感。但是从两岁半左右到目前为止，每本书游都要求我们讲过无数遍。刚开始是"讲"，后来就是陪她一起看了。她会趴在书上，对一个个细节指指戳戳，乐在其中。她也因此学会了比如，"窃贼"、"剧院"、"考古学家"、"情侣"之类通常情况下我们不太有机会教她的词。

还有，我这个文字控有必要说说这套书的文字。翻译得很好，并没有为了照顾孩子的感受特别使用简单的词，但文字流畅舒服，虽然内容很西方，但文字却几乎没有翻译的痕迹。我喜欢用平淡的声调静静地读给游听，感觉像在为一部精美的纪录片配解说词，真是美好的阅读感受。

小朋友的百科类书（二）

问："看你天天乱忙，这么些'游记'是在啥时候写的呀？"

答："在工作最郁闷的时候写的呀。比如，跟客户'吵完架'以后，方案写不出的时候，想不出好标题的时候，稿子不知道朝哪个方向改的时候……这样的时候，我就放下那一大团烦恼，打开电脑上这个叫'游记'的文件夹，随手写一段。写那么一段，就开心了很多。"

前天某人出长差回来，带游出去玩的路上，我絮絮叨叨地跟他讲述这一周我的各种遭遇和办公室的大小事情。晚上睡前游忽然问我："妈妈，你明天还上班吗？""当然上啦。"我奇怪她为什么这么问。她说："你整天上班跟人吵架，怎么还会喜欢上班啊？"

天呀，居然给小朋友造成了这样的印象，我赶紧搂着她解释：所谓"吵架"，其实就是各种讨论和争执，而且，除了这个，妈妈上班还有很多有意思的事情可以做呢。

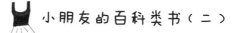

嗯哪，我还是爱我的工作的（虽然有诸多烦恼），而且随着年纪渐老，开始学会调整心态，自我安慰，并且有意在工作内外寻找一些真心热爱的乐趣。有的时候我也会想，到底有没有人是那么全心全意地爱自己的工作，能够对工作专注，投入，反过来也能从工作中不停止地吸取力量和营养？

有吗？

也许，今天要写的熊田千佳慕老先生就是这样吧。

差点忘了，这篇文章是"小朋友的百科类书"系列文章的第二篇。

这篇，只推荐一套书，熊田千佳慕的《彩绘法布尔昆虫记》。

介绍书之前，想请大家和我一起读千佳慕老先生为这套书写的后序，题目叫《一封致歉信》（有删节）。

真是让大家久等了。

就在我完成了《彩绘法布尔昆虫记》第 5 册中的《蟋蟀》和《白额螽斯》两幅画稿时，又接到了《蜜蜂玛雅的冒险》这本书的绘制工作，这便花费了我五年的时间。

而且，在此期间，作为一家支柱的我的妻子因脑梗塞倒下了。我的工作、生活便全部陷入混乱中。为了妻子，我们搬离了住了六十年的家，不得不和这个附着我身心的热土告别，再也不能在那个破旧的画室里工作了。

对我来说，绘制《彩绘法布尔昆虫记》是我的天职，不是"当然的作

陪着陪着就长大了

品"。 如果身心得不到充实，我就无法完成这些作品。 既然无法在安定的环境里作画，我就干脆停手不干了。

妻子病倒与老房子的搬迁对我打击很大，所有的工作都停了下来，我完全六神无主。

受到种种困难的拖累，在我伤痕累累的心上，替我点亮一盏灯的人，还是法布尔先生。

不能无休止地消沉下去，我必须尽早完成这些作品。 这个想法，让我醒了过来。 无论如何，我得努力报答它。 于是，我克服了身边的困难和障碍，开始奋笔疾书。

不久，奇迹出现了。 因搬家不知去向的米歇尔·波拉先生的标本跑了出来。 那是十几年前，我为绘制《彩绘法布尔昆虫记》而收藏的标本。 还有，奥本大三郎先生曾为杂志书写的文章《我的倔强》也再一次提醒了我。

……

另外，2009 年日本新闻社将主办我的作品在全日本的巡回展，其中包括《彩绘法布尔昆虫记》的原稿。 巡回展将从东京银座的松屋出发，届时，还请大家多多关照。

我已经 97 岁了，希望大家也多加保重！

——千佳慕

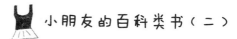

看完这封"道歉信"，我们再来读读这套书里的文字。

蝉

夏至到了，

炙热的太阳

照射着坚实的小路。

路面上的小洞破裂了，

蝉闪亮登场！

它度过漫长的阴暗生活，

来到了阳光灿烂的世界。

清晨，蝉的蜕变开始了。

……

循香而至

当菜粉蝶还是菜青虫时，

它被当作害虫

遭受人类的灭杀。

等它变成蝴蝶

翩翩起舞时，

人们不禁欢呼：

陪着陪着就长大了

"春来啰！ 春来啰！"

临睡前，小游倚在我的怀里，我们一起看这些图，读这些文字（如果可以，我也真想为你们读一段，游说我读故事的声音很好听）。

在这一段时间里，似有微风掠过心头、面上，将这一日的蒙尘不露痕迹地拂去，你的眼睛变得明亮起来，你的心开始明澈起来，你的感觉开始灵动起来……我描述不出这样一种美好，就是那么干干净净，明明白白，有一种让一切静下来的力量。

不过，初识这套书，小游被吓了一跳。 大开本的图片既有极富艺术感的细腻丰富，也有如高清照片般的逼真，这样的图片美得"霸道"，有些咄咄逼人的感觉。 那时候游好像还不到三岁，摇着头说"不要看，有点害怕"。

一年之后再拿出来，它成了我们最爱的昆虫书。

我曾经在小游睡着之后长久地凝视这本书里的图画。 可以看得到树叶上每个各不相同的褶皱，颜色的渐变，明暗的转换，可以看到蝶翅上密密的绒毛，金龟子背甲上反射的阳光，可以触摸到花儿盛放时柔软又坚定的力量，还有腐叶残留的筋脉，泥土丰饶的质感，屎壳郎推动粪球时骄傲的眼神。

我暗自惊叹，是什么人，需要付出怎样的时间精力以及无比的专注和投入，需要怎样的执着与爱才能够有这样的作品。

于是我到处查找作者资料，资料不多，只知道老先生 60 岁开始创作"法

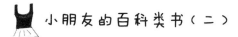

布尔昆虫记"系列，获奖无数。 87 岁时在日本出版《彩绘法布尔昆虫记》。他视为《法布尔昆虫记》绘画为自己毕生的事业，是身心俱疲时的力量源泉。 2009 年，老先生去世，享年 98 岁。

　　游的绘本里大概 1/3 是日本绘本。 我常常感叹，日本人的民族性中有一些非常特别的部分，他们容易往极致和纯粹里去走，呈现出来的状态或为人诟病，或令人叹服。 但反映到绘本创作里，往往就产生了一种纯然之美。无目的，无功利心，不刻意营造什么，也不考虑获得，甚至，我会觉得，他们也不过多去照顾读者的需求与感受。 他们的创造，从心里出来，只因为爱，只因为感动，只因为"我喜欢"，或者只因为快乐（以后一定还要专门推荐"圆白菜小弟"系列）。

　　现在你知道我为什么会在文章的开头贴上千佳慕老先生的"道歉信"，你可以读到老先生对他的"天职"的忠诚与投入，读到他专注纯粹的爱。

　　我猜，在他一笔一笔地画出在黑夜里勇敢飞行的大孔雀蛾舒展的双翅时，内心一定寂然无声，他大概只有一个念头：我把我最爱的画给你看。

　　给孩子的书，给孩子的任何，有这样的心，多好！

　　我不知道游今后有多少机会与大孔雀蛾、圣金龟和云斑车蝗们面对面，但我很希望她能记得千佳慕老先生的这句话：

　　"花和虫，不想明天的事，也不为昨日的事后悔，认真地过今天的生活。

　　我也要和虫和花一样，每一天都认真地活着。"

最典型亲子冲突
（一个郁闷早晨的自省）

清明假期结束。 这是小游外公外婆回老家之后的第一个工作日。

前一晚，我已经收拾好了她的小书包，填写完了家园联系册，确认了早餐还有面包吃。 然后收拾好了我自己上班用的包，想好了穿什么衣服。 嗯，一切顺利。

唯一偏离了计划的是又睡晚了，因为哄睡了小游，洗了澡，再弄完上面这些七七八八就 11 点多了，我又不甘心这个夜晚就这么交代了，于是想等着看新一集的 "the Good Wife"，但是该死字幕组迟迟不更新，于是又耗到了 12 点多。

第二天一早，游爸叫醒我的时候第一句话是："快起来，晚了。"

游爸忘了把闹钟调回来了。 我比预计晚了 20 分钟起床。

我立刻跳起来洗漱。

然后小游醒了，和以往的每一天一样，她醒来之后的第一句话是："妈妈，过来！过来抱抱！"

　　将醒未醒的时候，她总是需要我躺在她旁边，用力地亲热地搂着我的脖子。若是在不忙乱不着急没有起晚，没有不能迟到的会议的早晨，我还是非常享受这样的亲密时刻的。

　　搂着她，亲她苹果似的小胖脸的时候，我忽然想起来——今天周二啊（周一放假啦）！赶快问游："今天星期二，你是不是要去幼儿园当小帮手啊（每周二是游在幼儿园值日的日子，需要比平常提前 20 分钟到班）？

　　"对啊！对啊！"游开心地点着头。她最喜欢去当小帮手了。

　　那咱们赶快起吧！

　　不！再抱一会儿。

　　耐着性子又抱了几分钟，诱之以"跟爸爸比赛穿衣服吧！"她才欢叫着起来。

　　穿好衣服，交代爸爸带她下楼洗漱，我匆忙给自己换衣服化妆。

　　下楼，游像往常一样大声喊了句"外婆早上好！"然后自己笑着说："咦，怎么没有人回答。"似乎很得意自己开的这个小玩笑。

　　然后就听见争执和叫喊，大概是她嫌爸爸没有把刷牙的椅子放好，然后又嫌洗脸的水太凉。我听出爸爸口气里已经有"忍无可忍"的前兆，扔下抹了一半的脂粉冲下楼去，接过脸盆和牙刷，自己看着小游洗漱。

　　洗漱完，梳小辫。

陪着陪着就长大了

这两件事，之前都是外婆陪着的。

我让游站到我面前来梳头，她说："以前我都是坐在小板凳上梳头的。"我说："妈妈和外婆的习惯的姿势不一样，外婆不在家，你得习惯妈妈的方式。"

她点点头。

然后，她要求梳"和外婆梳的一样的小辫子。"

那是什么样的小辫子呢？ 她也说不清楚，描述了好几遍，每次说的都不一样。

我开始焦虑。

第一，时间已经晚了。 我担心小游赶不上幼儿园的早餐了。

第二，梳小辫这活儿，我并不熟练，越忙越乱。

我说："就按妈妈的方法梳小辫子吧。 也挺好看的。"

"不！"

我说："那时间已经晚了，先吃了早点再去幼儿园吧。"

"不！"

我终于忍不住嚷了起来："你！到！底！想！要！怎！么！样？！"

她哇地哭了。

我越发焦虑，而且非常后悔。

我蹲下来搂住她，她也用力抱紧我，在我肩头抽抽嗒嗒。

我让她哭了一会儿。然后帮她抹掉眼泪。

我说："对不起，妈妈不该冲你嚷。但是我们真的已经很晚了。妈妈得赶快帮你把小辫子梳起来，先梳成这样吧，这样我们才赶得上吃早餐和当小帮手。"

她抽泣着点点头。

擦了眼泪鼻涕，穿好衣服，出门。

和以往的上学路一样，我们拉着手走，一路看花、看狗、跳井盖，议论路过的小朋友的衣服。走到一半的时候，我跟她说："这个月外公外婆不在，只有爸爸妈妈陪你，我们的很多事情恐怕不能跟外公外婆做的一样了，希望你能帮帮忙，配合我们，习惯一下。"她点点头。

我又说："爸爸妈妈也会努力的，努力做得好一点。"

她笑了。

送她进班里，她笑着跟我挥手说再见。

上班路上，我老想起她仍旧肿着的眼睛和没梳得太平整的小辫，心里还是有些难过。

这大概是一个亲子冲突的典型情节，它在我们家间歇性地上演，我猜，在其他的很多家庭也不少见。

怀抱着良好的愿望想做对某件事——因为某些无法预见或者不得已的原因事情没有往预想的方向发展——因为小不点的参与（或者不参与）而愈加

陪着陪着就长大了

忙乱——焦虑，大脑进入"我都已经这样了，你为什么还要那样"的责难模式——终于没忍住，大光其火——小的号哭，大的恼怒——后悔，却买不到后悔药——自责。

呵呵，这是我的死循环，你的呢？

安静下来之后，慢慢拆解早上的种种，很多事情其实并不难理解。

游是个敏感，对安全感的需求特别多的小孩。外公外婆回老家这件事，必定给她带来焦虑和不安，而她表达焦虑以及重新寻找安全感的方式，就是愈发固执地要求家里的一切要跟外公外婆在的时候一样。

我是个忙碌又笨手笨脚的妈妈，平日极少做家务事。

我从小被人（尤其是我的父亲）评论为"手笨"，这个特点如今虽已经可以被用来自嘲，但我其实是非常在意的。任何我努力过却也做不好的"动手活儿"（如编小辫儿）都会触动某根敏感的神经，令我脆弱且易怒。

看见了吧，我和游，都是很容易感觉到并且储存情绪的人，两相纠缠，早晨那一幕就不奇怪了。

我为什么要啰啰唆唆写这些？

我是想说，其实，早上那一幕，也很容易得到其他的解读，比如：

"外公外婆不在家，爸爸妈妈都忙成这样了，你还不体谅？还不配合？你真是个不懂事的孩子！"

或者：

"为什么总是你想怎样就怎样？这世界上，哪有那么多合你心意的事？你这孩子，都是被惯坏了！"

这期刚发了一篇稿，来自我很喜欢的心理咨询师李雪，她说"可怕的不是情绪，而是头脑将它合理化"。

摘两段这篇文章的内容：

我们对情绪不容易有觉察，是因为我们的头脑通常会通过对外归因，让自己的情绪合理化。比如孩子早上起来不穿衣服，妈妈陷入失控的愤怒情绪中后，将它合理化："没有啊，小孩子肯定要穿衣服啊，不然会着凉。我怎么能不着急呢。"这里的潜台词是：孩子的行为有问题，我只是做出了自然反应。我没有问题。

妈妈需要意识到，不管自己着急、发火是多么自然的反应，这股情绪并不来自孩子，而是来自我们内在的创伤。就算没有孩子不穿衣服这件事，其他任何一件"跟我想象不一样的事情"出现，都会引爆我们内在的火山。

我大概改变不了自己情绪化和容易内疚的状态。还好还好，我在学着慢慢接纳这种状态；学着在快要被情绪淹没的时候挣扎着控制住自己，少责骂，少说那些我之后一定会后悔的话；学着在情绪的浪潮过去之后尽早抽身出来，观察，自省，最后，如果可以的话，跟游分享我的感受。

也跟你们分享一下。

说说外公外婆

一个多星期没再写"游记"了，因为……因为游游的外公外婆回老家了。

这绝对是个无法辩驳的理由，我相信，你一定也已经心领神会。

在外公外婆回老家的这半个月里，从早晨 6 点半从床上跳起，到晚上 10 点半游终于睡着，然后再到 12 点终于处理完自己的各种未尽事宜，日子呈现出一种连绵不绝，无限延伸的忙碌状态。

我与游爸，在各自的工作和琐事，以及小游的吃穿用行、起居玩乐之间马不停蹄地往来奔走，坚持密切配合和相互体谅的主导思想，遵循降低期望值这一基本原则，依靠上司和同事的宽容和体谅才得以顺利度过。

嗯，顺利，但略狼狈。忙碌，但也自在。

我一边因为又忘记了买早餐牛奶而懊恼，一边在电话里劝外公外婆再多在老家待一星期。他们一年才回去一趟，也有各种杂事需要处理，有老友要聚，有旧情待叙。

　　暗地里，我也在反复比较、考量和纠结——没有外公外婆的帮忙，我们能不能顺利照顾小游，顺利生活，不耽误工作？ 或者，再实际一点，我们一家三口的"独立"生活能维持多久？ 这样，外公外婆可以在故乡，在更舒适的环境和更惬意熟悉的社交圈里多逍遥一阵子，而我也可以暂时在一段时间里放下对他们的愧疚，跳脱他们有意无意间施与我的压力。

　　你也有过这样的纠结吗？

　　熟悉我的朋友都了解，和我自己父母的相处，是我始终找不到答案的一个心结。 生活习惯的不同和育儿理念上的差异倒不是什么大的障碍。 困难大概在于：我的"讨好型人格"令我习惯性地希望努力让所有人高兴，因此他们付出越多我越歉疚。 而他们也不可抑制地希望我是一个完美女儿，而我无论如何努力，也避免不了迎面撞上他们的挑剔、指责，甚至小嘲讽。

　　因为这个心结，曾和我的同事一起在《我和宝贝》杂志做了一期特别策划，题目最后定为《努力！ 与老人和平相处》。 下面这段文字是我为那期杂志写的卷首语，题目叫——

为无解求解

　　若时光倒退五年，我决计不会相信，我和我父母的关系会成为我做妈妈之后生活中最大的难题。

陪着陪着就长大了

若时光倒退三十年，周围所有人大概都会觉得，我和我父母的关系堪称完美。我性格乖顺，学习优秀。一步一个脚印，都朝着"好孩子"的方向顺利向前。我的爸爸妈妈开朗开明，随和亲切。在那个年代里是少有的不看重成绩（当然，我的成绩也绝少有不好的时候）的父母。尤其是爸爸，夏天的夜晚，他会带领我和其他孩子一起捉迷藏，深受一众小伙伴们爱戴。

我是家中独女，公婆身体都不好。所以，从我孕期的后半程，爸爸妈妈就离开南方老家，到如今客居北京已经快5年了。

这5年，若没有爸爸妈妈的帮忙，我想，纵有万般不情愿，我大概也只得做个全职妈妈，否则无法承担照顾女儿的种种。这五年，我的爸爸妈妈告别闲适美好的退休生活，重拾锅碗瓢盆和尿布奶瓶的种种琐碎。我从未曾探问过他们的内心，是不是也有许多的不甘与无奈。

这5年，我们重新在一个屋檐下生活。从我17岁离家，这中间已经隔了十多年的光阴，我已经在女儿的身份之外，叠加了一个成年女性和一个母亲的印记。而爸爸妈妈，其实也是头一次承担祖父母的角色，头一次那么近距离的面对他们已经为人妻为人母的"小女孩"。

这样的身份转换和角色认定何其艰难。不再累述细节，只是想说，最困难的时候，我背负巨大的内疚和不甘却不能解，几乎陷进抑郁的泥潭。

选择"我们与父母的关系"做大专题，对我和我的同事们都是巨大的考验，我相信，她们做每一次采访，写每一篇文章的过程里，大概也多少抱着自救的心态，挣扎着成长。

"为无解求解"，不管解开多少，我相信，这会是一次有意义的尝试，也是对我们内心的宽度与深度的一次拓展。

多半年以后，我已经学会放下一些纠缠。慢慢在情感上画出界限——你的心情你负责，我的心情我负责。我做到我能做的，但不保证你开心。这虽然不能解决所有的问题，但已经是我对自己的一种很有力的帮助。

对于我的爸爸妈妈，我始终满怀感激。因为他们，世界上又多了两个人给游游无私无尽的疼爱；因为他们，家里始终有饭菜香、有灯光暖；因为他们，我也才能在各种奔波中不忙乱不慌张。

如何才能够更享受这样的感激而不将它转化为愧疚和压力，这仍然是我的大难题，我会继续努力。

每次外公外婆打算回老家，再有万般难处，我都会积极支持，并努力说服他们多待一阵（而他们虽然有各种期待，每次仍然是匆匆忙忙，尽量缩短行程）。其中固然真心希望他们能有个"假期"，但也藏不住我自己对"自由"的小渴望。

这次，他们只回去了两周。回北京那天，游午睡起来，睁眼第一句话问："外公外婆回来了没有？"我答："还没。爸爸去接了。你起来穿衣服下楼去等吧。"她怅怅地叹息："他们没回来，我下去干什么，楼下又没人。"

　　嗯。我明白游的心情。对她来说，外公外婆已经是生活的一部分，他们若不在，无论日子如何绚烂，始终有一块是空的。

　　对我们而言，又何尝不是如此。

育儿专家不知道的事

虽然都是在育儿杂志工作，但我的生活和职业经历交错着，以怀孕为界限，可以清楚地分成两个段落。

前面的八九年，我是个"编辑"。我并不认为缺乏"妈妈"这个身份会对我的工作有多大妨碍，"热爱"和"专业"才是根本。我知道到哪里能了解妈妈们最关注的话题，我擅长制作夺人眼球的标题，我对新信息有职业化的敏感，我也很享受和我的同事们一起细细打磨一篇文字，反复尝试赏心悦目的颜色和排版……

后来，我有了女儿游游。

产假中曾需要为新的一期杂志拍摄卷首照片。化妆师是多年的老友，她细细看我的脸，忽然说："你和以前不一样了。""是啊，胖了。"我有些沮丧。"不是，"她说，"你脸上所有的线条都温柔了。"

工作和以前一样繁杂又忙乱。但是，我慢慢觉得，真的不一样了。

陪着陪着就长大了

我是个妈妈了。拨开各种资讯、知识、妙计、宝典和告诫，试着安静下来，听听自己内心的声音，慢慢地，我开始懂得一些育儿专家也许并不知道的事。

专家说母乳喂养最好能到1岁，"自然离乳"则是更理想的状态。但是专家也许不知道，对于只有三四个月产假的上班妈妈来说，坚持母乳喂养是怎样一段艰难的历程。

之前在编辑发来的一篇稿子里读到一位妈妈躲到办公室桌子下吸奶的故事，眼泪刷地就流出来。那种惶急与焦虑，经历过，都难忘。

我在一个对上班妈妈极其友好的公司工作，有自己独立的办公室，上下班有游爸接送，即便如此，也难避免漫长会议的尴尬，也有出差时在酒店里半夜上了闹钟起来吸奶的疲倦。还有一次，带着吸奶器过安检，被严肃地叫到一边质问："你包里有什么？还带着马达！"

但我终于决定在游10个月的时候断奶还不单是因为这些，除了出差太辛苦，还有频繁的夜奶令我严重缺乏睡眠。心力交瘁之中做这样的决定，虽无奈，但始终相信是那个当下我能做的最好的决定。

专家说不要催促孩子，不要嫌他磨蹭，不要总说"快点！快点！"因为孩子有自己的，和成年人不一样的节奏，也因为孩子需要体验的时间和探索的空间。

但是专家也许不知道，在那些脚后跟打后脑勺的早晨，妈妈恨不能再多长几双手才能应付计划之中的吃喝拉撒，以及意料之外的大小状况。这就是为什么我总会反复想起麦兜妈妈变身超级玛丽那场戏，全速奔跑，越过障碍，跳跃，翻滚，还得奋力接住一串金币。

像我这样计划性极强，几乎有时间强迫症的人，在当了妈妈之后也变成了常常迟到，总是厚着脸皮要求同事把会议安排在 10 点之后的"讨厌的人"。

对了，最容易让我焦虑的还不是迟到，而是如何不打断游的"节奏"，同时又不破坏她的生活规律。游现在大概已经习惯了我常常跳着脚冲她嚷："快点！快点！要不然我们吃完饭就晚了，然后睡午觉就晚了，然后你又起得晚，然后下午就没时间洗澡了。然后洗完澡就不能看动画片了，否则睡觉前就没时间讲故事了，要不你又睡那么晚，明天早上该起不来了！"

嗯，嗯，解决办法是少安排点活动，为她的磨蹭留出空间。但是吧，知易行难才是这世间真理。

专家说大人不要参与孩子的纠纷，他们的矛盾和争斗让他们自己解决。对于这一条我百分百赞同，一般也不太纠结于游和小朋友的矛盾，不去钻"她是不是会被欺负"的牛角尖。

只是，专家也许不知道，任何一个妈妈，如果她目睹自己的孩子被推搡或者挨打，心都会像揪起来那样的痛，需要花很大力气才控制得住冲上去把自己的宝贝拦在身后的冲动。

陪着陪着就长大了

如果她那么做了，我们不该指责她。或者，如果你那么做了，也没必要自责。

专家们在为"孩子哭了要不要马上抱？""同床睡还是分床睡？"这样的问题争论不休，但专家也许不知道，抛开各种心理学、认知学和发育方面专业的例证与反证，每个家庭也都有自己特别的状况。比如，孩子是不是因为某种原因对安全感有特别多的要求，或者妈妈会不会过于敏感，整夜像个灵敏的雷达，不停歇的接受孩子的所有声响与气息，导致严重缺乏睡眠。

上周读朋友寄来的内藤寿七郎的《心灵育儿法》，对这段话感慨颇多——

"现在，年轻的母亲们对很多事情都表现得神经质，变得容易担心。这是由于我们生活在信息化的社会里，被片面的或过多的信息所愚弄，从而丧失了自己的判断。"

这本书写的是 20 世纪 90 年代日本的状况，我想今日之中国，父母的状态有过之而无不及。

作为妈妈，我觉得最大的挑战不是不知道该怎么办，而是有太多建议、太多指导、太多声音。而信息来得太容易，也让我们习惯了伸手就要答案。在微博上，最令我苦恼的就是这样的问题："我的孩子 × 岁，请推荐几本书。""我的孩子动不动就哭怎么办？""我的婆婆太惯孩子了，怎么办？"

我很多次地对着电脑屏幕长长叹息，140个字实在是太可怕的限制，在这样的局促中，其实什么问题都说不清楚。

即使能够勉力回答，我也要一定要"浪费"一个长句子，先说明白"我不太确定你的宝宝的具体情况，而且，我不是专家，我只能说说如果是我，我会怎么做，仅供参考。"这不是油滑的免责说明，它也可以写得更加高大上一点——

每个孩子都是独一无二的，每个妈妈都需要去为自己的难题寻找自己的答案，你才是自己的育儿专家。

最后，推荐一本书吧，是我两年前翻译的《怪诞育儿学》（有点标题党了，我记得原书的标题是《爱斯基摩人如何给孩子保暖》，解决不了你当下的任何育儿问题，但是它有可能帮你调校自己解决问题的角度和方法）。

而且吧，这是本有趣的书。

谁家还没个熊孩子

首先，是"游妈讲故事"时间。

要是你给老鼠吃饼干，

他会想要配一杯牛奶，

要是你给他一杯牛奶，

他会想要一根吸管，

要是你给他拿了吸管，

他还得要一张纸巾来擦嘴上的"牛奶胡子"。

要是你给了他纸巾，

他得对着镜子擦，

你带他去照镜子，

他发现自己的头发该剪了，就管你要剪子。

剪下来的头发落了一地，

他需要扫把和墩布来打扫。

这一扫就停不下来了，

他一口气做完了整个房间的卫生。

他好累，想小睡一会儿，

于是你给他找了一个盒子当床，

他还想要一个松软的枕头。

当床铺收拾停当，

他想要你讲个故事才睡，

于是你找来你最喜欢的图画书，

他觉得书里的图画好棒，自己也想要画。

于是你找来蜡笔，

他画了一张全家福，想在上面签上自己的名字

所以他还需要你的钢笔。

签完了名字，他想把画贴在你的冰箱上

陪着陪着就长大了

看到冰箱，

他就觉得渴了，想要一杯牛奶。

你给他拿了一杯牛奶，

他觉得得要一块饼干来配着才好吃。

感谢你看完这个好长的故事，它的名字叫《要是你给老鼠吃饼干》（我只看过英文的，上面是我凭记忆简单翻译的，肯定有跟原文不妥帖的地方，大家包涵吧）。

这是我在游两岁左右给她买的绘本，在网上淘的，英文原版，而且是一本合集，还包括了同系列的《要是你给小猪吃薄饼》《要是你给驯鹿吃松饼》，以及《要是你带老鼠去上学》。

在从两岁半到将近四岁这段时间，这本书一直是小游的最爱，中文的、英文的，反反复复讲过不知道多少次，到现在，精装的硬书皮已经整个脱落了。我也喜欢这个故事，讲到最后一页，看那个小男孩精疲力竭地坐在地上，小老鼠在一旁兴高采烈地吃饼干的场景，我都幸灾乐祸得不得了。

想起这本书，是因为另一套绘本——"11只猫系列"。我是没有抵抗住编辑部同事对超长绘本《十一只猫跑马拉松》的赞美，所以在刚刚立誓三个月内不买绘本（家里实在没地方放了）的第一天又迅速入了全套"11只猫"。第一次读的感觉，就是特好玩，非常开心。把小朋友逗得嘎嘎乐，乐完了，也就完了。

而且我觉得吧，那 11 只猫甚至有一点点讨厌。他们费尽心思，想把阿呆鸟抓来烤着吃，他们好不容易才答应把怪猫的飞碟盖子还给人家，却又企图甩掉怪猫，自己开着飞碟上天去。他们给小猪盖房子，盖完了觉得好，就舍不得给小猪了。他们贪吃、懒惰、自私、不讲信用，不懂得谦让。

他们就是一群不可理喻的坏小孩嘛，为嘛要写这样的故事。

这两周，分别收到两个妈妈写来的邮件：

一个说："孩子马上两岁了，特别爱无理取闹，动不动就大哭闹情绪。生气了会故意把水杯扔到地上，在外面吃饭就非要用碗筷敲桌子。我虽然也同意要尽量给孩子探索的自由，但这些行为，我认为是不能纵容的。"

另一个说："孩子 11 个月，急躁，我行我素，大事小事都非常不配合，每天跟他相处我都充满了压力。"

哦，现在是到了"晒熊孩子时间"了吗？那我也晒一个：

前几天，我手指被划破了个小口子，晚上给游洗脸洗脚的时候沾上水就特疼，于是，我想也没想，拿了个游的创口贴（我专门给她买过一盒子都是各种颜色的笑脸的创口贴）贴上。拿捏好"我是个多么勤劳的好妈妈呀"的姿态，我把手指举起来给她看"看，妈妈贴了个创口贴，给你洗脚的时候就不疼了。"

没想到，她立刻紧闭小嘴，拉长了脸，非常生气的样子。

陪着陪着就长大了

"你为什么用我的创口贴？！"我在她脸上读出这几个大字。

我试图讲理：

第一，我手破了。

第二，我是为了给你洗脚才贴上创口贴的。

第三，这创口贴谁买的？！

她油盐不进，特有理地挺着小腰板嚷嚷："那你也不能用我的！"

就为这事儿，她后来找不同的借口哭了两次，我们俩赌气了一晚上。

这什么孩子（此处省略一万字历数我的含辛茹苦），我气得呀（此处省略一万字批判她的自私、自我、不体谅人）。

那谁，你怎么看？

当我内心的"小魔鬼妈妈"去洗洗睡了，"小天使妈妈"当值的时候，我也能想得明白，那创口贴从我买来，游也一个都没舍得用。她是那种对自己的一丝一缕，包括各种边角废料和"垃圾"都珍惜得不行的孩子，被我用掉的那个创口贴，一定会被看作一个巨大的损失。至于"妈妈多辛苦，妈妈曾经为你付出那么多，你也应该……"以及"不就是个创口贴吗，用完了再买"之类的巴拉巴拉，以她5岁的年龄，恐怕且想不到呢。

给那两位妈妈写回信，没什么好建议，只劝她们先"放下"。放下"我都这样了，你为什么不能那样"的潜意识里的交换，放下"有礼、谦让、懂事、讲理"等所谓对"好孩子"的期待，也放下"三天不打，上房揭瓦"的对

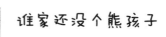

未来的恐惧。

然后接受——

谁家还没个熊孩子啊。

我也讲不出多发人深省的道理来，所以只能抄一段朱自强老师为"11只猫"写的导读——

在"11只猫"身上，我们看到的更多的是自我中心主义的"自私"、"任性"和"强加于人"。也许有人会问，自我中心主义不是要被克服的吗？没错！但是，对自我中心主义的克服，不能造成对幼儿心理的压抑。

我一直反感"融四岁，能让梨"这样的道德故事，就是因为它无视幼儿的自我中心主义在特定阶段的合理性，进行道德上的拔苗助长……这种强幼儿之所难，本身就是成人的自我中心主义。而成人的自我中心主义与幼儿的自我中心主义截然不同，是未经实现成长的退化现象，不具有合理性。

最后，老师还说：

我们应该相信幼儿，相信他们对审美的感受力和对事物的判断力……所以，"11只猫"的故事才个个不含一丝说教，有的只是幽默，而不是讽刺，对幼儿进行的是疏导，而不是压抑。这也是优秀的儿童文学作家的智慧之所在。

陪着陪着就长大了

而智慧如我，在看完这段话之后立刻又想起了"要是你给老鼠吃饼干"的故事，所以才不辞辛劳地在文章一开始就把这个故事讲给你们听。

智慧如你，肯定听懂了。

谁家还没个熊孩子，想明白这一点，我们就可能有了更大的耐心，或者说"平常心"，更愿意了解他的需求，跟随他的节奏，而不是总陷进"他怎么那么不乖！长大了可怎么办？"这样的焦虑。

给熊孩子们一些时间自己长大吧。

当你离开，一个优秀的女人会继续生活

完全是因为女儿小游的关系，我才拼命将《养育女儿》这本书的翻译挤进了我已经不堪重负的时间表。

我曾经一直希望生个男孩，因为我实在是觉得自己没有能力养好一个女孩。怀孕的时候还有足够的时间胡思乱想，我写过这样的笔记：

"好女孩什么样？

好女孩，应该温柔、灵巧、聪明、坚韧。

好女孩，应该能做一手好菜，能自己给自己盘精致的发髻，最好还会一些针线活儿；好女孩，应该有好听的声音，好看的手；好女孩，应该爱读书但是不呆，知礼仪但是不拘束，明事理但是不炫耀；好女孩，应该不太计较得失，但是懂得进退。

不是说父母是孩子的第一任老师吗？如果小游是个女孩，她会从我这里

陪着陪着就长大了

学到什么？

　　我童年的大多数时间跟父亲长大。 从小到大，我的朋友里男孩居多，我似乎也因此更擅长跟男孩子打交道。 当老师的时候，班里清一色的男生从来没令我特别为难，倒是隔壁班的女孩子一掉眼泪，我就慌了手脚。

　　我至今没学会得心应手地使用刀叉吃饭（其实，昨晚刚因为拙劣的筷子技巧被老妈嘲笑）。 所以在正式场合，我保持优雅的方法就是让自己饿着。从来没有人教过我怎么给自己编小辫，所以我的头发在多数时间里没有长过耳朵。 我补袜子的手艺甚至还不如老公，这令他曾摇头长叹，怎会一时糊涂，娶妻如此……

　　所以，如果小游是个女孩，我该怎么办？"

　　如今，在养育女儿这条路上，我已经走了 4 年半。

　　我居然从不曾慌乱。

　　从在产床上将这个小小的生命搂入怀中那刻起，我就自然而言进入了"一个女孩的妈妈"的角色。 这一部分原因是——小游极像我。

　　我常常在游的眼睛里，看到小时候的我自己——

　　她内向、慢热、敏感，对安全感有极大的需求；她有安静的外表却有极热烈活泼的内心；她有柔顺的眉眼，却始终竖着一根倔强的刺。

　　所以很多时候，只要跟随妈妈本能的爱和关注，只要叩问自己的内心，

当你离开，一个优秀的女人会继续生活

回想藏在 30 多年时光尘烟之后的那个小女孩想要什么，我就能恰当地满足女儿的需求（所以，在翻译这本书的前半部分，写到婴儿期对安全感和爱的需求，写到亲子连接和安抚的重要，我常忍不住热烈地应和"对！就是这样的"，如果可以，真想给作者一个大大的拥抱，谢谢他终于让我模糊的认识有了科学的映照）。

但我也常常迷惑。

虽然早已经放弃我的个人审美，习惯了时时为小游寻觅各种粉红色、蕾丝花边、亮片片小纱裙和公主鞋；虽然已经能够比较熟练地为她编一头小辫儿，但我还是会给她买工程车套装做生日礼物，而把朋友送的芭比悄悄藏起来。

我骨子里不欣赏女孩的"娇"与"弱"，小游太多的眼泪很容易让我烦躁。

我希望她坚定、独立，有力量，却又本能地想保护她远离一切伤害。

到底做为一个女孩，她什么时候应该强大，什么时候可以示弱？她应该学会保护自己，还是理应得到更多保护？她应该甜美娇俏，还是活泼能干？而作为一个女孩的妈妈，我什么时候应该拉她起来，什么时候需要推她一把？我的方式和态度到底算是 too soft，还是 too harsh？

我的困惑还不止这些。

在梳完小辫子，解释完为什么要上幼儿园，挑完裙子，搭过积木，画完

画，讲完故事，吃过蔬菜，回答完一千万个为什么……在纷乱的一天的某个安静的空隙，会有一个念头突然挡在我面前：小游的未来会是什么样？

她会一直这样慢热，羞涩，在人群里习惯性的后退吗？ 这样，她会快乐吗？

她会一直这样敏感吗？ 这样，是好还是不好？

她会交到好朋友吗，当她的生活圈子一直在不可推挡地逐渐扩大？

她能够保护自己的安全吗，当我终有一天无力再将她揽在怀中？

她到底会成长为一个怎样的女子？ 或者，我希望她成为一个怎样的女子？

所以，必须要说，我很幸运可以翻译这本书，得以和作者一起先走一遍一个女孩从小婴儿到成年的精彩跌宕的旅行。 在这段旅行中，有些段落已经发生或者正在进行，比如婴儿期的亲子连接，比如幼儿期的探索和发现。 有些话题刚刚开始，比如人际交往，比如勇气和内心力量。 还有些事情，是我尚未料想到，但估计也终将面对的，比如，减肥、酒精、性，以及混乱却无处不在的网络世界。

我同意作者的忧虑：女孩的生存空间正在变得更加复杂和危机重重，她们的现在和将来注定比我们的更丰富也更艰难。 所以我赞同作者的目标：要培养一个内心强大的女孩。

在这本书里，除了可以清楚完整地了解女孩的心智从出生到成年的发展，并且获得许多与之配套的切实可行的建议，我自己受益更多的是对"了解内心"、"寻找自我"、"发现灵魂"这样一些更大也更艰难的题目的探讨。 这些内容我之前从未在一本育儿书读到，却帮我在养育女儿的道路上注入了更多智慧和力量。

最后，在你打开这本书之前，我很想邀请你和我一起加入书中的一个"游戏"——窥探一下你的女儿将成为什么样的女儿。

"靠回到你的椅子或者枕头上，开始这段旅行吧：

你住在被绿荫覆盖的街道上一所宁静的房子里。 已经是夜晚了，但夏日白天的阳光还残留着它的温暖。 你年纪更大了，但依旧强壮，状态很好。你从窗户望出去，看到马路上一辆车正在停车。

一位年轻女子从车上下来，仔细一看，你发现她正是你已经长大的女儿。 她看起来什么样？ 她穿着什么衣服？

她身边有伴侣吗？ 有孩子吗？ 你出门去迎她。 你能看到她是什么样的人吗？ 她的声音听起来如何？ 她有多高？ 她是否结实健康？ 她的时间和智慧用来做什么事？ 让你的想象来填充这些细节。

你将她领进门，你们坐下来交谈。 她跟你说了什么？ 你的感受如何？"

陪着陪着就长大了

我最最喜爱的，是作者对这段想象的期待：

"你能看到你给她的童年与如今她拥有的力量和品质之间的关联。 你感到骄傲并且非常满意。 当你离开，一个优秀的女人会继续生活，她还将把你教她的一切传给她的后代。"

嗯，这也是我对我的女儿未来的期待。

本文是为《养育女儿》一书写的译者序。

孩子跟人要吃的怎么办

问："3岁的女儿在跟小朋友玩的时候跟对方要吃的。妈妈说，平常会告诉孩子，有好吃的要跟人分享，这样小朋友才愿意跟你玩。但是妈妈又不愿意孩子跟别人要吃的，所以问：该怎么和孩子说呢？"

我先问了问我们编辑部的同事怎么看？

甲说："才3岁哦，要就要吧。"

乙说："我小时候，因为这件事，被妈妈狠狠揍过一次。"

丙说："我小时候同伴的小朋友就跟我要饼干吃，我不愿意也没法子，最后都被她要走了。"

丁说：我家的小朋友特喜欢吃，他到同学家里玩儿，大人让他吃东西。结果他跟在家一样，就可劲儿吃。看得我呀……又不能当面说。后来回来我跟他说过，到别人家吃东西不能像在家一样，那样不礼貌。不过，儿子已经上学了，如果才3岁，是不是还小啊。

陪着陪着就长大了

然后有人问：

"如果别人家孩子找你们家孩子要吃的，你们介意吗？"

我说："不介意啊。"

丁说："我看到别的孩子跟我们家要，我可高兴了，嘿！这孩子跟我儿子一样爱吃东西。"

甲说："一般不会介意，但是如果遇到很不客气的孩子，一抢而光，比我女儿吃得还多，我的孩子不够了，我就有点介意了。"

丁说："额……我检讨下。"

然后话题转变成比拼各自的孩子的"小气"事迹。

我说："早上我问游游要她的巧克力蛋糕吃。"她一口回绝："不给！"我陪笑说："天气热了，这蛋糕不能放太久，会过期的。"她口齿清晰地回答："外婆说还能放一天。再放一天，如果我还是吃不完，要过期了，你再吃。"

游5岁。

高兴妈妈说："昨天高兴的小闺蜜到我家玩，天气热，就换了高兴的一件睡衣玩，走得时候，高兴说：'你把我的睡衣脱下来，换上你的裙子走吧！'"

高兴6岁。

上次牛牛去小朋友家里，看中了人家的美人鱼手链，那个小朋友直接拒

孩子跟人要吃的怎么办

绝了她。 后来那条手链掉地上了，她赶紧捡起来，小朋友一把抢了过去。

牛牛说了一句："原来这个美人鱼那么胖啊。 我还以为有多好看呢！

哼！"结果那个小朋友一听这话，大喊："我也不要了！"

牛牛 4 岁半。

然后，然后编辑部的 QQ 会议，和以往的每次会议一样，开始无底线地

跑题了。 同事们聊得欢快，我偷偷离开，想努力给这位妈妈一个好的回答。

其实，我先有几个问题想问问这位妈妈：

第一，如果孩子跟别人要的不是吃的，而是玩具，你还会那么介意吗？

第二，你要求孩子分享，你为什么觉得分享很重要？

我妄自猜测一下这位妈妈的回答。

第一个问题，以实际的经验，跟别人要吃的，是最容易引起大人（包括

了爸爸妈妈爷爷奶奶）反感的行为。 如果要的是玩具或者别的，会稍微

好些。

为什么不能要吃的？ 除了各种社会新闻传递的不安全感（担心别人会在

吃东西里加这个那个）之外，多数大人的心理是：孩子跟别人要吃的，跟要

饭似的，太丢人了。 好像我们家连点零食饼干都没有一样。

所以我同事的提问很精准：如果别的孩子找你要吃的，你怎么想？

不知道你们怎么想，反正我会挺开心，觉得这孩子大方可爱，能够表达

自己的需求。 征得对方父母的同意，我就高高兴兴地给他／她吃。 绝无其

他任何想法（小心思里，我反而总为了游游不敢跟外人表达自己的需求而有那么点点担心呢）。

还有吧，引用我们家外婆的原话，这叫"隔锅香"，所有的孩子大概都觉得隔壁小明的一切都比自己的好。

当然，出于礼节礼貌和修养教养等高级的考虑，我们恐怕不希望我们的孩子总是动不动就要别人的东西（包括我在内的所有人最大的育儿困扰恐怕就是：他这么小就如此如此，如果不加管教，长大了还得了！？ 这是个大话题，以后另文再议吧）。

那么怎么办，个人的办法是：给孩子一个相对宽松的环境，宽松的意思是不过分限制孩子的各种吃喝玩乐。 我和同事的感受都是，越限制，孩子反而越渴望。 然后，等孩子大一点了——怎么也得五六岁以后吧——可以慢慢沟通一些认识。 比如，妈妈觉得你这样直接跟别人要吃的有点不礼貌。 或者，咱们在别人家不能吃太多东西了。 之类。

第二个问题，关于分享。

为什么要求孩子分享，我目前得到的比较集中的答案是：大家认为"大方"是一种美德，而"小气"会被鄙视。 换言之，爸爸妈妈爷爷奶奶认为，如果我的孩子爱分享，说明他大方，养了个大方的孩子，说明我的教育很成功。 再说得白一点，要求孩子分享，是大人在编织自己的"面子"。

另一个原因是担心孩子因为不分享而在社交场合被排挤。 今天几个同事交换了下信息，发现这个担心其实并不成立。 而且，我觉得吧，一旦孩子觉得朋友或者获得朋友圈的认可比留住手里的小饼干小贴画更重要，他就会开始尝试分享了。

关于分享，我还有些话想说。 这次又写多了。 下次吧。

这样，算回答问题了吗？

亲爱的小孩儿

今天，小游5岁了。 朋友圈里有好友感慨——"我还记得你怀孕的时候总为背痛苦恼，现在游居然5岁了。"这一句感慨惹得我又无聊兮兮地翻出自己的孕期日记来看。 下面摘了我5年前给肚子里的游游写的3封信，5年后重读，真的有万千感慨。

第一封信：倒计时100天。

亲爱的游游：

今天，2009年4月26日。 离你理论上到来的时间还有整整一个月。 我不知道这算不算一个特别的日子，但是，从今天开始，我希望，能常常跟你说点什么。

说点什么呢？ 今天天气很好，很暖的阳光，轻轻的风。 我是用睡午觉的借口才溜到楼上写这些文字的，如果楼下那个你将要叫她做外婆的人知道我又在摆弄电脑，一定又会很担心。

家里安静极了。我忍不住又会想，等你来了，这样安静的日子是不是就再也没有了。

你带来的日子，会是什么样的日子呢？

你一定会带来不安。家里忽然就多出一个人来，一个陌生的熟人。

我似乎理应很了解你，因为你曾经是我的一个部分，我们血肉相连度过的将近 300 天，是一段不短的时日。以我的了解，你似乎很乖，与我常常为你制造些有惊无险的小插曲相反，你到目前为止，还没给我带来太大的麻烦。

你应该很好动，在每一段我打算安静地待一会儿的时间，你总会不甘寂寞地在你应该已经不太宽敞的空间里手舞足蹈。你又似乎很羞涩，只要感觉到被关注，立刻偃旗息鼓，变得毫无声息。我最喜欢和你玩的游戏，就是当我发现你用手（也许是脚）在我的肚子上戳起一个小鼓包，我会轻拍那个地方，你会立刻收起手（也许是脚），像藏起一个被发现的秘密。

但是我真的并不认识你。你会长成什么样子？有什么样的小脾气？你喜欢什么？讨厌什么？我真的不知道，甚至也无从猜测。

我面前的桌上，放着一张小朋友的黑白照片。那是小马（就是你将要叫他做爸爸的人）的百天照。那个小孩，黑头发，周正的五官，咧着嘴，笑得很憨厚。这会是你将来的模样吗？一想到我的身边会忽然出来这么一个小孩，真觉得有些不可思议。

听我说这些，你是不是觉得，我是个太不着调的妈妈。在等待你来的时候的心情，居然是猜测多过期待，不安多过幸福。

其实，我亲爱的小朋友，是这样的不安，才令我安静，安静地等待你带来的种种可能性。是因为无从猜测，所以没有假设，因此对我和你的未来可以保持开放的心态。

你呢？将要开始一段长长的旅途，认识很多人，了解很多事，遭遇很多惊奇，你，又是什么样的心情？

第二封信：认识你，认识我。

我亲爱的游游，你到底会什么时候，选择什么样的方式来呢？这样的猜测一点也不好玩，它令我焦虑。

这次去看医生，她说你"不大"。这也令我有些焦虑。虽然我多年的"专业知识"告诉我不要拿你跟别的小朋友比较，虽然我天天给你的外婆洗脑——把孩子养那么胖一点好处都没有。但是，偷偷地，我还是有一点点焦虑。

你开始了解我一点了吧。我很容易焦虑，尤其是对我觉得我不能控制的事情。我喜欢做好计划，按部就班，我讨厌突发事件。

不过，你的到来，大概是我目前为止遭遇到的最大的突发事件了，就这件事而言，我对自己的应对能力还算满意。这大概要感谢我的另一个"优点"——没有追求，随遇而安。在这将近 9 个月的时间里，我的口头禅是"差不多就行了"。不对自己，对你，对未来有太多要求，这样，我也就少了很多焦虑。

虽然你快来了，我还是有些不适应。比如，我不习惯叫你什么"我的宝贝"，更喜欢叫你"亲爱的小朋友"，我受不了别人叫我"游游妈"，当然了，大家都说我总有一天会习惯。

听到这些你会生气吗？提前认识我，应该对你和我都有好处。

我很懒，喜欢睡觉。做所有事情的时候都要先想：有没有简单的办法。

我对感情敏感对金钱迟钝。据说金牛座的人善于理财，如果你早些天来，做个金牛宝宝，或许会能帮到我。

不过，也是据说，金牛座很执拗。我不原意你太执拗。因为我已经很执拗了。小马，那个你要叫他做爸爸的人总说，我是他见过最偏的人。

我超级喜欢购物。今天，在本来应该睡午觉的时间，我又偷偷地给你（和我）买了点东西。很漂亮的，你等着看吧。

我总是盲目乐观，总觉得"未来一定会更好的"。

我没有耐心。你，也许就是不知道谁派来磨炼我耐心的人。

我大大咧咧，这也是大部分人（包括我自己）认为我更适合做一个男孩的妈妈的原因。 不过，如果你是个女孩，我亲爱的小朋友，那也没关系，我会教你做个独立的，自立更生的，心灵手巧的女孩。 （因为，很多我不会做的事，你得学着自己做了。）

我累了。 最近越来越容易累。 先跟你说这些吧。

再悄悄地问问你：亲爱的小朋友，你打算啥时候来呢？ 要乖哦。

第三封信：认识爸爸。

游游啊，你是个幸运的小孩，因为，你有一个好爸爸。

在与你和我有关的所有事情里，这是我唯一能确定的。

与我的焦躁和思前想后不同，他在很多年前就认为，你的到来就像太阳从东边出来一样，是再正常和合理不过的一件事。

他自己有个散漫、不受管束的快乐童年，他很希望你也有一个。 所以，很有可能，他不会对你有太多要求，会纵容你爬墙上树（如果你喜欢的话），抓鸡打狗（甚至他会陪你一起），把屋子弄乱（这也是他擅长的）……

他比我有耐心多了。 我们认识的小孩子们，通常都喜欢他多过喜欢我（你可不许这样！）

他吃苦耐劳，愿意为家里人做所有的事情。 他一个螺丝一根棍子地装好

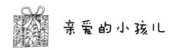
亲爱的小孩儿

了你的床、你的衣柜、你的童车、你的摇篮、你的汽车座椅，并且，干活的时候很开心。

他还学会了打褓褓，他答应晚上你哭的时候他会起来，他因为给你想不出理想的名字一直很苦恼。

不过，亲爱的小朋友，我还是要提醒你：

他脾气比我暴躁，尤其是在吵架说不过我的时候。所以，小心，别激怒他。

千万不要在他睡着的时候骚扰他，否则会有不堪设想的后果。

他和我是太不一样的人，所以我们常常吵架。我们恐怕会给你不一样的规矩和生活方式，你自己能倒腾明白吗？

他喜欢开朗、活泼好动的小孩。如果你恰巧安静敏感，那么，好了，我们就要一起挑战自我了！

你，我，还有他，谁会改变谁多一些呢？

089

我 的 小 公 主 去 哪 儿 啦

前两天在朋友圈看见好朋友抱怨："是不是每个女孩的妈妈都得为她寻找一切粉红色的东西，哪怕它们难看又俗气。"

我看得大笑，觉得有千言万语可以写成留言，但忽然间又不知道从何说起。

那些不知道该怎么说的话，这几天时不常就在心里翻腾一阵子，还是要写出来才舒服。

先说说粉红色。

时光倒退七八年，天知道我有多么讨厌粉红色。彼时（这样写是不是显得文艺些）还没有孩子，我和我们杂志的美术总监，一位帅帅的意大利哥们儿，在工作闲暇聊天的热门话题之一就是"鄙视"那些永远用粉红和粉蓝来装点育儿杂志的某某和某某，调侃永远只有粉红和粉蓝的童装和玩具以及热衷用这两种颜色打扮孩子们的父母。

再将岁月之钟拨回来，某年某日我带着大概不到 3 岁的游游，意大利哥们儿带着他两岁的帅儿子一起去吃饭，俩小孩开心地在前面走，我们跟着。我们几乎是在同一个时刻停下脚步，互望一眼，我叹息，他大笑——

前面两个小孩，游穿着粉红风衣粉红鞋，拎着粉红小包包，小男孩穿蓝色夹克蓝色鞋，抓着辆蓝色小汽车。

为人父母之后，我们终究也没能逃出粉红粉蓝的大魔咒。

再说说我。

以前说过一点儿了。 我讨厌一切被我称为"女里女气"的东西，包括但不限于：粉红色的一切，有蕾丝花边的一切，blingbling 的一切，有"小公主"即视感的一切。

所以我给游买灰色和深蓝色系的爬服，酷黑的推车。 我把朋友送的那种层层叠叠的公主裙藏起来，给她穿格子衬衫和牛仔裤。 我鼓励她玩积木和工程车，明确告诉她——妈妈最不喜欢芭比了。

还有，假如我做得了主，一定先让她学的是网球，而不是芭蕾。

而我能做主的时间，也就是在她两岁以前吧。

然后她就——

别粉色的发卡，用粉色的水杯，背粉色书包，用粉色的牙刷，粉上衣配粉裤子，粉裙子配粉连裤袜。

她的彩笔和橡皮泥，永远是粉色最先用完。 她画粉色的太阳粉色的树

陪着陪着就长大了

木，捏粉色的兔子和小汽车，有一天问我：妈妈，蝌蚪也可以是粉色的吗？

她用甜言蜜语哄着外公给她买好几大张廉价的"钻石"贴纸，然后"我谁都不送，只送给妈妈"，在我的手机上密密匝匝贴了一大片。跟客户开会的时候我都不好意思把手机放桌子上。

她用了好几个月时间反复提醒圣诞老人——"我最想要的礼物是白雪公主的裙子"，这种简单真挚的执着感动了她老妈我，让她如愿在圣诞树下欢叫："圣诞老公公真的听到我说到话了啊！"不过，白雪公主大概是不需要坐的，滑溜溜的大裙摆害得游无数次从椅子上滑到地上，摔个屁股墩，即便如此，也坚持当了一周末的白雪公主。

我郁闷死了——她不会一直这样吧？

因为她不肯穿我最喜欢的做旧效果的卫衣，因为她坚持要把七八个粉的，有蕾丝边的，有村姑娘范儿小花的发卡同时别在头上，因为她天天追着我要超市卖的有粉色大兔子头的雪地靴……我们没少起过冲突。

我很担心她会变成一个浅薄的没品的女孩。

我很担心她把自己熏陶成娇滴滴，唧唧歪歪的所谓"公主"，这人生，若只等着被宠爱被救赎，成什么样子？

后来我认识了小俏妞希希。

我的天哪，她和游游一样一样一样的。

她喜欢粉和藕荷色（就是紫色的高级说法），她见人会行屈膝礼，她勤奋地学说法语（因为这样更优雅），她的房间里铺天盖地的都是各种粉色和藕荷色，她所有的东西都带有各种蝴蝶结和蕾丝花边。她有一个洋娃娃，名字叫：拉托维亚·钱德莉娅·什么什么（不记得了）。

她梦想养一只蝶耳长毛犬，给它扎满蝴蝶结，等它睡饱美容觉，带它去喝下午茶。作为家里唯一的时尚人士，她还不遗余力地想把爸爸妈妈和妹妹改造得时髦一些。

她的爸爸妈妈和妹妹，始终是希希那令人眼花缭乱的生活中安然存在的一角。他们认真地去希希开设的时尚课堂听课，然后按照希希的造型建议披挂一新去餐厅吃"巴菲"（法语冰激凌的意思）。他们笑眯眯地允许希希先尝试帮忙照顾将邻居家的蝶耳长毛犬。

然后，当希希在端冰激凌时被时髦的鞋子绊倒，他们带她回家，给她洗澡，然后陪她裹着睡衣重新盛一碗冰激凌。当希希终于发现漂亮的小狗过于娇气，根本不适合自己，他们陪她去流浪狗收容所，领养了一只可爱的大狗。

"小俏妞希希"是一套绘本。粉的，封面装饰着亮晶晶的金粉银粉。

在过去将近两年的时间里，这套书是游隔几天就要翻找的睡前故事。一遍一遍读下来，我也学会了一些事。

我学会后退一点。然后游自己发现了：妈妈，跑步的时候还是不要穿这个公主裙了，要不跑不快。

陪着陪着就长大了

我学会给她选择。买一双粉凉鞋，一双藏蓝的，粉的穿了半个夏天之后，游说："今天要不我试试蓝的。"

我学会默默注视游的各种尝试和创造。她若享受，我欢喜地祝贺，她若碰壁，我抱抱她，再陪她想办法。

我也开始了解，我最担心的，其实不是她会长成一个浅薄的没品的女孩，而是人们会说"你怎么养了个浅薄的没品的女孩"。

嗯，我的女儿。她不如我曾经期望的那么酷，那么萌，那么气质独特，那么与众不同。她是个喜欢俗气粉色和侨情公主的普通女孩。

我在学习爱她。

当然，这也不妨碍我继续保留这样的期望："小妞，今后有王子为你屠龙当然好，但我还是最希望你长成一个可以自己屠龙的公主。"

我承认，对粉红色和公主情节的歧视，其实也是另一种矫情。我偶尔也会担忧，会不会有一天，游会开始扎耳洞，考虑纹身和染发。那时候，我得有多想念如今这个粉粉嫩嫩，甜甜蜜蜜的小姑娘。

爸爸的光芒

今天是父亲节了吧？ 应个景。 一些旧文字，一些新回忆。 但是总感觉这个节日又快被商家促销给变得令人腻烦了。 很赞同一个朋友在朋友圈发的感慨——父亲不需要被感恩，母亲也不需要。 是，我们只在自己的角色里努力生活，给予的同时也获得，陪伴的同时也成长。

朋友说，在家里，妈妈是基本功能，爸爸是娱乐功能。 我一边笑，一边也试图总结出我和游爸的不同"功用"。

我负责一切采买：从衣服鞋帽到奶粉尿裤以及各色图书玩具。 他负责多数负重：包括举高高、骑大马、幼时充当哄睡时的肉身摇篮，如今是人肉秋千和转转马。

我负责温和亲切：包括各种拥抱亲吻，讲"大大熊和小小熊"的故事。他负责夸张搞笑：包括各种鬼脸怪声，表演"坏蛋大野狼"的故事。

我负责耐心细致，循循善诱：包括蹲下来，第 18 遍讲道理。 他负责威

陪着陪着就长大了

胁利诱：包括"你再不坐马桶爸爸就来坐了啊！"

我和游爸是太不同的两个。

我喜静，他爱动。我极内向敏感，有轻度的社交恐惧症。他开朗阳光，热情友善，神经粗大，偶尔暴躁。我懒惰闲散，喜欢一切貌美且无用的东西，他勤劳务实又节俭。

除了性格差异，我们还成长于完全不同的家庭环境，对规矩、生活习惯、教育方式以及对疲劳和混乱的忍耐度都有很大差异。我常常觉得，我们最大的共同点就是执拗——在各自不同的方向上执意前行。

育儿专家常常建议，夫妻的育儿原则要保持一致。我们两个却从未断过争执，能勉力做到的只能是：各管一段，尽量不互相干涉。

因为写这篇文章，我又去翻找旧微博以弥补我日渐衰退的记忆力。摘几个片段，大概能窥见小时候的游与爸爸的喜乐纠葛。

1岁2个月：游爸和游打起来了。互相掌击对方的头脸。我问游爸：你为什么打她？回答：因为她打我。我问游：为什么打爸爸？她闭目不答，神色坚定。再劝游爸：即便她打你，你也不能打她啊。答：我得让她明白：己所不欲，勿施于人！

1岁8个月，游"作"的第一首小诗："小蝴蝶，玩泥巴，爸爸回来飞呀飞。"

096

　　2岁：因为淘，游最近没少"挨打"。现在只要看见爸爸扬起手掌，就立刻就近找个地方坐下，然后一脸特替人着想的表情说：屁股坐着了，不好打了。不过昨天，她在我耳旁悄悄嘀咕：阿爸凶，阿爸把游抱起来打屁股。

　　2岁2个月：今天是爸爸日。爸爸包办了从亲子课到午睡后散步，到做晚饭和喂饭的各种活动。我终于可以有一会儿闲逛，喝一杯咖啡，看张报纸和洗个不太匆忙的澡的时间。现在一边往脸上涂面膜，一边听父女俩在楼下笑闹，觉得生活还是满惬意的。

　　2岁半：游半夜被鞭炮吓醒，要求跟爸爸睡，于是给她抱到我们中间，父女二人紧紧相拥，迅速呼呼了。就剩我靠在床脚，等小妞睡熟好把她再抱回自己的地方，否则肯定被爸爸压着。嗯，操心的命！

　　……

　　相比与爸爸的关系，游一直比较黏我。究其原因，除了我（和大多数妈妈一样）更多负责她的吃喝拉撒生活起居之外，还因为我们比较像，所以我更能理解和耐受她的哭哭啼啼哼哼唧唧以及各种在游爸看来是"不可理喻"的小情绪。

　　而游爸（可能和大多数爸爸也一样）比较简单直接，再加上个头儿大，嗓门大，稍微有点动静就显得比较有威慑力，容易让游这样敏感的小孩有那么点点害怕。

陪着陪着就长大了

再有，我有那么个非专业的观点——我觉得相比妈妈对孩子的天生的无底线无条件的爱，爸爸跟孩子的关系更像是伙伴关系，不可避免地掺杂着竞争和冲突。这种竞争对于越来越少兄弟姐妹的孩子来说其实非常重要，爸爸们大可不必因为小屁孩总跟自己对着干而沮丧，但也要理解，和妈妈相比，自己在亲子关系中需要更大的耐心和努力。

忘了从哪本书上看的了，爸爸是孩子从家庭到社会的过渡层。孩子藉由爸爸而了解到：不是每个人都会用妈妈那样的方式对待自己。这种认识是孩子将来适应社会很好的帮助。

呵呵，以上这些话，就是每次游和游爸又闹得不可开交的时候，我给自己打的安慰剂。

写那么多，还没说最重要的话：

在游爸的第五个父亲节，我和游游谢谢你！

谢谢你在半夜起来喂奶，在清晨起来陪游玩耍。

谢谢你陪游上了几乎所有的芭蕾课。

谢谢你张罗幼儿园的小朋友和家长请燕燕老师吃饭（燕燕是游最喜欢的幼儿园老师，可惜离开了）。

谢谢你带游捞蝌蚪、抓蚂蚱和观察蜘蛛网。这些都是我怕得要命的事。

谢谢你把蓝精灵的故事和三只小猪的故事讲得那么好。

谢谢你给游写家园联系册，并且为她的幼儿园演出准备自己的节目。

写过一篇旧文章，叫"爸爸和妈妈"，结尾有这样一段：

几个星期前一家三口去公园，遇见一群小朋友跳绳。游游在一边看着，好生羡慕。我拉住她："你还小。"爸爸却一把抄起小妞："走！"

爸爸抱着小宝宝，在一群大孩子中跳绳，高高跃起，稳定，有节奏，姿态悠闲。女儿乐得大笑，围观的人群啧啧赞叹。我站在一旁看他们，想起小时候那个胆小而不自信的自己，曾经多么希望也有高高跃起的瞬间。

忽然间非常非常庆幸，游有那么不同的爸爸和妈妈。

匆忙赶出这篇文章，对读到这篇文章的爸爸说一声"父亲节快乐"。

我相信，每个爸爸在孩子的生命里点亮的光芒，无法替代，也没人能够遮挡。

不开心，就"蹦咔"一下

很不开心，因为小游又病了。这两个月生活的主要节奏就是这样的：游游病，我病，游游又病……预谋许久的假期不得不取消，又开始白天跑医院，晚上不能睡。

所以就想写写这套"圆白菜小弟"的绘本。好像，每次我不开心，都会想起这套书。

上次在写《最美昆虫书》的时候提到过"圆白菜小弟"系列，就立刻有妈妈去买了。上周还有人在后台问我：什么时候能写写"圆白菜小弟"啊，很特别的一套绘本，想听听你能有什么特别的解读。

这的确是套特别的绘本，只可惜，我并不能做出什么特别的解读。

我只能说，每次读完，就好开心好开心。

故事简单，主角是一个叫"圆白菜小弟"的圆白菜，和一头叫"猪山大哥"的猪。圆白菜小弟简单又快乐，愿意和猪山大哥交朋友，请他吃顿好吃的。 猪山大哥最爱的美味呢，就是圆白菜。

于是，猪山大哥对圆白菜小弟说：我要吃了你。 圆白菜小弟指指他背后的天空说：你要吃了我，你就会变成那样。 "蹦咔"一声，翻到下一页，猪山大哥已经漂浮在空中，鼻子变成了圆白菜。

就是这样一个故事，随着每一声"蹦咔"，猪山大哥就变成另一种你绝想不到的由圆白菜组成的造型，无辜且茫然地漂浮在空中。

然后呢？

猪山大哥还是说：圆白菜，我要吃了你。 圆白菜小弟仍然开心地建议：我带你去吃点好吃的吧。

然后呢？

完了。

就是这样一个故事。 游最爱的就是大喊那声"蹦咔"，然后我们俩一起紧张兮兮翻过一页，等待猪山大哥的新造型扑面而来。

这个系列还有其他四本，基本是这样有点儿"作"的风格。 圆白菜黄、圆白菜白和圆白菜绿三个颜色，勾画出超乎想象的荒诞、搞笑，甚至，某几本还有那么点点诡异的风格。 比如《嗨，猪山大哥，猪山大哥》里，猪山大哥正专心致志地捕蝴蝶，一个声音在呼唤："嗨，猪山大哥，猪山大哥！ 快回头看看呀，猪山大哥！"猪山大哥一回头，他会看见什么？

你猜啊。

陪着陪着就长大了

写到这里，我已经又开心起来了。

所以，想要开心，就搂着你的小朋友，和圆白菜小弟，猪山大哥一起"蹦咔"一下吧，看看他们带给你什么惊喜。

对了，别问我"这样的绘本有什么意义"？

快乐，难道不是最大的意义吗？

以下，是我曾经为杂志的绘本专题写的卷首语。附在这篇小文的后面，也算是对"有什么用"类问题的一种回答。

我是绘本迷。但是那天在女儿幼儿园家长的 QQ 群里，忽然有人问："谁能跟我讲讲什么是绘本？"我愤然拍着键盘，打算好好宣讲一番。但最终，却什么也没有说。

什么是绘本？

绘本有什么用？

绘本怎么都那么贵？

怎么让孩子爱看书？

还真不知道如何给这些问题清楚明确的答案，想想这有点像问恋爱中的男女：她（或他）有什么好？你为什么爱他（或她）？

有答案吗？就像清晨照耀窗台的一缕阳光，为什么令你雀跃？等待一朵花开的心情，为什么充满期待？有些人，为什么总能散发持续的温暖？

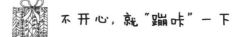

有些梦, 为什么总在心头不离不散?

这期的绘本专题终于还是做成了非常简洁实用的工具书类型, 也努力回答了 "绘本有什么用" 这类的问题。 但忍不住还是想说, 对绘本的接纳和喜爱, 其实是在接受和喜爱一种特别的与孩子相处的方式, 一种美好的看待生活的方式, 一种温润的和孩子一起成长的方式。

嘘, 别问绘本!

有些美好, 就只是美好。

游妈答问之说说绘本

我有点儿生气。

嗯，当我正儿八经地坐在电脑前，做好准备要大展身手，以一个资深绘本爱好者的身份，好好跟你们聊聊绘本这件事，然后我发现：

我收到的第一个问题是：

我的宝宝不喜欢看绘本怎么办？

第二个问题是：

我的宝宝不喜欢看绘本怎么办？

第三个问题是：

我的宝宝不喜欢看绘本怎么办？

第四个问题是：

能开个书单吗？

第五个——第十个问题是：

能开个书单吗？

深呼吸3次，然后，我想和你谈谈。

对于3岁以内的孩子来说，个人认为，判断一件事情是不是做得好，有两个条件：

第一，你是不是陪着他做这件事。

第二，他是不是开心？

绘本也不例外。

说绘本，是因为我自己总忍不住在"游记"中推荐我和游喜欢的绘本，但其实，更重要的话题应该是——亲子共读。

亲
子
共
读

读是排在最末尾的，刚刚好，我也觉得，读什么，怎么读，什么时候读并不重要，重要的是——"亲子"和"共"。只要是你陪着他，看图画也好，撕杂志也好，念歌谣也好，玩卡片也好，看路边小广告也好，认超市宣

陪着陪着就长大了

传单也好，都好。

还有，开心就好。

不久前对一套为青少年选编的文库长草，先用我的 kindle 下了样张来看。前言里说到培养青少年的阅读兴趣和习惯，大致意思是要先给孩子们看幻想小说类读物，然后再慢慢加入社科哲学类内容。因为首先要让孩子相信，阅读是件非常有乐趣的事情，有趣，才有兴趣，有了兴趣，才谈到培养习惯，才能逐渐成为一种自发的行为。

嗯，我觉得，这过程，对小宝宝也适用的。

所以，想办法让小朋友们开心吧。

先让他"玩书"。现在形形色色会发声、会变形、带不同质感，有各种功能的玩具书非常多，只要保证安全，对孩子不要过多限制，甚至在一定程度上容忍他的"啃"和"撕"（啃了之后把口水擦干，撕坏之后好脾气地再重新粘好），那么"开心"应该不是那么难的一件事吧。

对了，那位宝宝才 8 个月就担心"注意力不在书上"的妈妈，您稍微有点要求太高了哈。

像我这种，还在孕期就屯了半柜子绘本的妈，当发现游最爱的读物是在家门口的超市买东西送的一本粗陋的小孩认物书时，忽然明白了人生的无奈。

还好我心宽。

那本认物书，我也不明白有啥魔力，一直到上了幼儿园，游还会时不时找出来翻翻。

总结下：读书应该是件快乐的事。我们的一切选择和一切方法，都应该以快乐为出发点和目的地。如果你赞同这个大原则，那么你们提的其他一些技术问题，就都有答案了吧。

问："讲故事是不是要严格按照书上写的逐字逐句讲啊？"

答："当然不一定啦，可以出怪声，可以改内容，可以手舞足蹈啊。怎么开心怎么来。"

问："我是广州人，孩子一定要我用粤语讲。但是这样就容易失掉原文的一些音韵美了，很苦恼。"

答："没关系的。一是孩子爱听比音韵美更重要。二是你也可以根据自己方言的特点改一些文字再讲。三是随着孩子慢慢长大，他的需求也会变的，别急。"

问："孩子快两岁了，喜欢看书。就是要把书都堆在沙发上不让收拾。书都不好好看，拿一本随便翻两下就去拿新的。弄得一片狼藉。怎么办？"

答："可以的话，在沙发上辟出一个地方专门让她堆书。或者在别的地方弄个小图书角，可以让她随意放书。二是减少给她买新书的量。或者像我一样，把屯的新书都藏在一个秘密地方，以极缓慢的速度往外拿。三，她

陪着陪着就长大了

翻书拿书的时候都陪着她，跟随她的兴趣给她讲讲书里的故事，她慢慢会明白书是需要这样来'读'的。"

写到这里，忽然觉得以上内容似乎技术含量不够啊，所以，容我再问几个能彰显水准的尖锐问题：

第一，你喜欢看书吗（时尚杂志和报纸不算啊）？

第二，你是那种觉得能从书中得到很多乐趣的人吗？

第三，你喜欢看绘本吗？ 会有哪本绘本令你真心欢喜，赞一声"真有趣"吗？

如果以上三个问题，你的回答都是"不"。 那么，关于"孩子为什么不喜欢看绘本"的问题咱们还是不要再继续讨论，各自散了吧。

关于开书单的问题：

抱歉啊，我不开书单。

但是我很希望你之后能有自己的书单。

如果你需要的只是书单，那么，打开百度呀、微博呀之类的搜一下。 就可以找到 100 本必读／经典／获大奖绘本之类的书单。 如果你觉得网上的资源不够靠谱，那给你推荐几个靠谱的人：

可以从新浪微博关注@孙莉莉月眉@柳树在说话@一慢二看@王林儿童阅读@粲然@杨政他们要么是专业的儿童文学和绘本研究者，要么是热情的绘本推广人，对绘本的研究比我更精细也更广博。

另外，还可以关注这些绘本出版机构：@蒲蒲兰绘本馆@接力出版社@爱心树童书@和英文化等。

只要稍微用一点心，你就可以借由这样的关注，建立你自己的绘本"资讯站"，慢慢为孩子为自己找到好的绘本。

好啦！

当！当！当！彩蛋时间到！

推荐一本书：彭懿老师的《世界图画书阅读与经典》。这本书是我的绘本"圣经"，我10年前买过初版，两年前又买了再版，还买过几本送人。这本书基本解决了你对绘本的所有问题，以及，开出了一个非常完整丰富的经典书单。

推荐人手一本啊。有了这本书，我以上写的那些七七八八其实你就完全不必看了。呵呵。

不上幼儿园

忽然就已到 6 月末了。 现在才想起来说幼儿园这个话题还来得及吗?

游 3 岁 4 个月开始上幼儿园, 从选择到准备, 再到漫长艰难的适应过程, 如果你们愿意, 我也有一部长篇的悲欢故事可以分享。

一切从头, 第一篇, 虽然有点晚了, 还是想说说对幼儿园的期望与期待的问题。

早在 3 年前, 朋友推荐给我一位作者, 她叫雪松, 写了一系列与幼儿园有关的文章。

我一直庆幸自己在正式开始考虑游的幼儿园问题时读到这些文章, 帮我调整了对幼儿园的期待和态度。 所以, 也很想和你们分享我当年选择刊发在我们杂志的这篇——《不上幼儿园》。 在游已经是个中班学生后重读这篇文章, 感触更多。

还是要先介绍雪松。 她学的是学前教育专业, 自己办过幼儿园, 当过园

育儿专家不知道的事

长。儿子出生后做了全职妈妈。

嗯，一个办过幼儿园的妈妈选择不让自己的儿子上幼儿园，其中的道理，无论你是否赞同，都值得安静地听一听。

以下是全文，从我写的"主编推荐"开始。

主编推荐：

读到雪松的文章时，我正在忙着给女儿选幼儿园。因此，读到她不让儿子上幼儿园的故事，以及她以一个幼教工作者的身份对幼儿园的见解，说实话，我很沮丧。

在给雪松的邮件里，我问："毕竟不是多数父母都可以做全职妈妈，独立承担对孩子的教育的。对于一个像我这样最终还是会为孩子选择传统教育体制的妈妈，该做什么，或者能做什么，以弥补传统教育的种种弊端呢？"

她回答说："我并不悲观，也希望你们不要因我的某些观点而悲观却步。其实，我深信不疑的一条教育法则是：教育无不利资源。重要的是我们如何善加利用，变不利为有利。"好吧，从这篇文章开始，或许我们能对自己的教育观、儿童观，有更多的思考。

作者介绍：

雪松，哈尔滨人。学前教育专业毕业，曾从事教师、编辑、记者、幼儿

陪着陪着就长大了

园园长等职业。 1995 年儿子箫箫出生后，回归家庭，18 年来，潜心陪伴孩子，对儿童观、教育观有了全新的理解和认识。 著有《相夫教子启示录：女人如花》《相夫教子启示录：母爱的分寸》等作品。

不上幼儿园（文／雪松）

我的孩子没有上过幼儿园，6 岁时，直接入读小学。

今年，他 17 岁，即将升大学。 他很健康（包括身和心），他甚至比同龄孩子更懂得如何与人交往，没出现任何"社会性"障碍，他也有很强的学习能力，更可贵的是自制力，15 岁只身留学海外，方方面面将自己料理得井井有条。

作为母亲我一颗悬着的心总算落地。 我用我为母亲的选择，为我钟爱的幼教事业交上了一份特别的答卷：我们要尊重孩子的个体差异，我们可以大胆地为孩子选择与众不同的教育模式。 我的步子其实迈得很小，只是帮我的孩子省略了幼儿园教育。

太了解幼儿园，使我不能姑息它的弊端。

回溯个人的专业经历，我和幼儿园教育曾有不解之缘。 我学的是学前教育专业；我在幼儿师范学校执教数年；我创办过自己的幼儿园，亲自实践我个人的教育理念；我做过报社的编辑、记者，负责"幼教版"，主要采写幼儿园教育的最新动态。 但是，最终，当我有了自己的孩子，却毅然地放弃了我孩子可能进一所最好的幼儿园的机会，宁愿他留在家里。

育儿专家不知道的事

　　我相信我是太了解幼儿园了，这使我不能姑息它的弊端，当我衡量过家庭教育的利弊得失之后，我认定根据我们的家庭状况，孩子留在家里应该能获得优于幼儿园的教育。

　　心理与教育科学发展到今天，已经有相当充分的证据证明：一个人7岁前接受的教育，对于他的一生有决定性的作用。今天看来，"三岁看大七岁看老"不再是游戏之言，它可以说是建立在充分的经验基础上的科学论断。

　　当我们追究孩子的学习成绩为何落后，当我们拷问孩子的不良习惯甚至品行，当我们反省我们所给予孩子的教育环境和教育条件时，我们必须回溯到孩子的幼儿时期，我们是不是有效地利用了教育资源，培养起孩子高效的学习能力，我们是不是帮助孩子建立起良好而稳定的行为习惯。

　　幼儿园教育过早地让孩子进入了集体化训练阶段。

　　尽管"教育纲要"对幼儿园的班级定员有严格的要求，但目前的大多数幼儿园还难于做到指定的要求，它们多半人满为患。

　　面对如此多的孩子，教师组织活动只能是集体化的。孩子的活动方式多半只能是"被动"地接受教师的安排。否则，就会出现极度混乱的情形。

　　如果你细心一点儿，你就会在幼儿园各班级的门上发现一张"作息时间表"，细心的教师会把孩子的大小便时间都加以严格的统一。生活的规律性自然是必要的，但过分严格地追求规律，尤其在幼儿阶段，势必造成孩子过于刻板的行为方式。更值得注意的是，教师在束缚孩子行动的同时，是不是

113

陪着陪着就长大了

也在束缚孩子的思维发展，这必须引起足够的重视。

但我们的教师基本上管不了那么多，至今她们中相当一部分人仍将自己工作的着眼点放在"孩子们别磕着、碰着"。从某种角度我们应该理解教师的难处，在有限的条件下，也只有建立有限的标准。

在幼儿园里，"听话"就是好孩子。

在幼儿园的生活中，孩子不必体察成人的细腻反应，所有的"好孩子"只要做到"服从老师的命令"。在久而久之的被动接受管束中，孩子细致体会环境和迅速作出反应的能力在日渐丧失。一个本应自发而主动地面对环境的孩子，很可能变得越来越机械而被动。

如果你是小学一年级的教师，你很容易发现幼儿园的孩子虽然经历了集体生活的训练，但他们中相当大的一部分并不具备良好的行为习惯。他们不能较长时间地集中注意力，以达到有效的听讲；他们不如我们想象的那样拥有良好的社会交往能力，做到与同伴的和睦相处；他们甚至完不成作业，不能达到一个小学生最基本的要求……

这一切都和孩子的自我约束力有着直接或间接的关系。幼儿园教育没有从根本上找到切实可行的方法让我们的孩子主动面对自己，并主动地认识和适应新环境。而小学教师的要求很可能不再像幼儿园教师那样事无巨细，这正是孩子在相当长的时间里产生学习障碍的原因。

时间和精力有限，幼儿园老师无法做到给每个孩子独特的成长空间。

好的教育需要我们细致而耐心地去发现每一个孩子的不同特质，需要珍惜他们"小荷露角"般凸现的才华。我们要尽可能为他创造有利的条件，充分发挥其独特的表达方式，这就是我们追求的创造力的本源。

面对二十几个孩子，我们的老师实在是时间有限、精力有限，或者说对教育的理解有限。我们不能过分苛求任何教育机构对我们孩子所赋予的责任，因为就教师而言，所有孩子只是他们日复一日的工作对象，但对父母而言，所有的孩子都是他们生命的重要内容。

幼儿园教师所给予孩子的学习安排和活动安排，我们不能说是不合理的，它拥有它有力的科学依据。但它又的确以牺牲孩子的独立意志和自我探索的精神为代价，孩子的时间被老师做了统一的分割，孩子对某种事物可能产生的独特向往被剥夺了。

但是，孩子需要属于自己的单位时间，他们需要在完全独自的时间和空间中，通过截然不同的方式，去发现新奇的事物，理解陌生的生活，找寻有效的方法。而成人自以为是的干预，除本意是好的，再没有任何可取之处。

幼儿园教育忽略了相当一部分拥有更高智力潜质的孩子。

我的孩子没有跟任何人学习过绘画，但他 5 岁时的绘画技巧和能力，已经令我们成人自愧弗如。他所依赖的是我们提供给他的完全可自由支配的时间和空间，以及丰富的绘画材料。就这样，他在独自的探索中，不仅掌握了基本的平面形状，同时找到了空间的透视关系。

陪着陪着就长大了

学龄前的他不必每天早早起来，直奔幼儿园，而是每天执着于自己的画面上。我从没有因此而奢望他成为画家。我的欣喜之处在于，他找到了这样一种宝贵的学习方法。我相信，他将因此而获益终生。

儿子5岁时，出于对恐龙的兴趣，他运用自己独特的方式深入进古生物学领域，进而建立了自己对那个遥远世界的相当系统的知识结构。当时，作为妈妈，我的惊愕程度可想而知。我惊异于孩子的学习能力，远远超出了我们的想象。

幼儿园教育忽略了相当一部分拥有更高智力潜质的孩子。他们很可能是相当出色的，但他们人生的最初几年教育，有可能使他们成为和大部分人一样的平庸。

在这里，幼儿园教育不能和小学教育相提并论，小学教育尽管存在同样的问题，但它进入了一种知识的精确化过程。在这个过程中，几乎所有孩子站在同一起跑线上，而幼儿园的教育自始至终是一种浮泛的教育。孩子接受的程度如何，没有准确的衡量标准。如果教师对教学的理解同样停留在简单的知识性的给予上，那对于相当一部分孩子是不幸的。

幼儿园老师的工作需要承受巨大的压力，但精力和能力都有限。

我对幼儿园教师的感情，更多的是体谅和同情。我体谅他们终日和孩子打交道的不易。作为父母，对待一个孩子，很多时候我们都表现出无能为力，试想想我们的教师所面对的是二十几个孩子。

如果你不经意地走过幼儿园的楼道，而恰好赶上所有班的孩子都在自由活动，你所要承受的噪声分贝，绝对是远远超越你的承受范围的。但我们的老师能够承受。长期的幼儿园工作，已经让他们养就了"视而不见，听而不闻"的本事。

在幼儿园里，你常常可以看到这样的情形：一个男孩子抢了一个女孩子的玩具，如果是一个厉害一点儿的女孩，她会反手再抢回来，但一个懦弱的女孩就会采取哭的方式，希望获得老师的同情和支持。但这类事情，在幼儿园里，大多以不了了之的结果而收场。教师们没有充沛的精力来解决这一类在他们的眼里很可能是大不了的问题。

但是，对于那个男孩子来说，他很可能就此而养就了恃强凌弱的霸道性格，而那个懦弱的女孩子很可能因此而一生懦弱下去。我们知道这些都不是一个健康人所应该拥有的健康人格。

我从自己孩子的教育实践中充分地体会到，只要我们给予孩子充分的关注和指导，所有的问题都不是问题，但失去这个前提，不是问题的问题都成了问题。这或许就是大多数"问题儿童"产生的根源。

我和香港的幼儿教师时有接触，他们喜欢来内地参观。他们深深地惊异于我们教师能歌善舞的水平，他们会说："你们的教师已经达到了专业水平。"他们自愧不如，但他们还说："我们的教师比你们的教师更有耐心和爱心，我们的重点放在帮助孩子解决问题上。"

陪着陪着就长大了

"解决问题"，解决孩子对事物的好奇，足以保留对知识的向往；解决孩子情感伤害，让孩子确立相对成熟的认识事物的态度和解决问题的办法……

这些远远比教会他们唱一首歌、跳一支舞重要，但我们的教师除去没有精力，恐怕还有一个没有能力的问题。

我希望更多的父母相信，幼儿园教育在学龄前期的儿童养育中不是唯一的选择。

如果家庭有条件，有更合适的人选，比如，全职妈妈、教育经验丰富的祖父母，比如，可信又不失生活智慧的保姆，他们或许经过用心的学习，都比幼儿园更有能力，也更有资格照顾好一个学龄前的儿童。

找出这篇文章来，又想起雪松。彼时她一直在国外，陪伴已经在海外求学的儿子。我们曾经在很长的一段时间里保持着邮件往来，在与幼儿园相关的问题上，她给过我许多温和又智慧的建议。

我们本已经商量好在杂志上开一个她的专栏，但却在一切细节都基本谈定的时候，我的工作需求出了些变化，专栏未能开始。因为忙乱，也因为没有借口的懒惰，我没有给雪松一个解释，我们也从此断了联系。

假若雪松能看到这篇文字，我真希望她能收到我的歉意和感激。谢谢你！对不起！

理想中的幼儿园

　　我是和你们大多数人一样的妈妈，因为种种客观和主观原因的限制，不可能做全职妈妈，没有能力也缺乏勇气让孩子 home school，承担不起国际幼儿园的高费用，也没有门路挤进据说很好很好的某些公办园。

　　以前我工作的杂志，每到春天都会做"怎么选择幼儿园"这样的选题，等到自己的孩子该上幼儿园了，才发现根本没有什么"选"的余地，口碑稍好点的幼儿园就恨不能得提前一天走后门去"占坑"，孩子到年龄能有个学可以上，已经值得长出一口气了。

　　然后，还读到这么一篇文章，告诉你，你好不容易挤进去的幼儿园，其实也没什么好。

　　我也一样，咬着后槽牙，硬生生咽进去一句"NND"。

　　但是我还是很庆幸读到这篇文章，很庆幸在游上幼儿园之初跟文章的作者的交流，这个过程，帮助我调整了对幼儿园的看法。

陪着陪着就长大了

第一，我放低了对幼儿园整体的期望值。在对幼儿园的诸多考察要点中，我把"离家近"排在了第一位，而较少纠结于什么教育理念和特色课程。换句话说，如果我不对幼儿园在"教"的层面有什么期待，那么，就至少要上得轻松舒服点儿，不用早起晚归，长途跋涉。我也不认为有什么幼儿园值得我们搬家、租房，或者有过多金钱和精力上的投入。

第二，我愈发明白家庭教育的重要意义。内心完全没有"可算上幼儿园了"的轻松。我知道我与游将要进入新的亲子沟通的阶段，随着长大，随着新环境带来的新挑战，她将比以前更加需要我的陪伴。

是的，我只是个普通的妈妈，对于中国教育的大环境，坦白讲，我有些悲观。但是我尽量不焦虑，也一定不放弃。我可以做我能力所及的事，我相信，家庭教育对孩子的影响才是决定性的。

我觉得，首先，只要你愿意投入时间（无论是全职妈妈还是上班妈妈），总是可以和孩子一起慢慢长大。

以幼儿园为例，我们能做的事情很多。

我们需要帮助孩子适应完全没有父母陪伴的新环境。也要帮助老师了解你的孩子。

我们需要倾听孩子在幼儿园的欢喜和烦恼（在这里，之前亲子关系建立得如何就已经初露端倪——孩子是不是愿意什么都跟你说？而你是不是能够不带情绪和个人评判地听）。

我们需要学会信任老师，并且配合他们工作（幼儿园老师的确辛苦，也有自己的无奈与无力，很多时候，也需要家长帮忙撑一把）。

我们需要认识和了解其他孩子的父母，最好能慢慢建立一个良好的家长沟通网络。必要的时候，互相沟通，群策群力是可以帮助孩子们争取到更好的教育方式和环境的。

我们还需要安顿好自己的内心。幼儿园，只是成长路上很小的一段，幼儿园很可能有种种不尽如人意的事情，但是对孩子来说，最重要的一点是：在向前走的路上，每次回望，都能看到你温和坚定的目光。

下面这篇旧文字，是曾经为杂志的幼儿园专题写的卷首，贴过来，共勉。

我理想中的幼儿园应该就在住家附近，步行 10 分钟内可以到。我理想中的幼儿园应该有大片的户外活动场地，孩子们可以无拘束地玩耍，不小心跌跤，爬起来，笑着拍落屁股上的草香。

我理想中的幼儿园，应该环境安全，设施友好；应该有可口安全的食物和合理的作息。

我理想中的幼儿园，有愿意安静地听孩子们说话的老师，爱笑，会玩，有一颗装得下所有匪夷所思的梦想的心。

我家小区里的幼儿园叫自己"国际幼儿园"，9 月新开学。收到的宣传

陪着陪着就长大了

墙上满是新名词：专业蒙氏教育，美育奥福，双母语，体验式学习……

开放日，幼儿园门口站着一位西服笔挺的外国人，对每个来的人礼貌地致意欢迎。老师们妆容精致，态度热情。漂亮的大海报，宣传的是丰富的兴趣班。还有大字写着：现在报名，即享惊喜折扣！没看见户外活动场地，解释是：还没弄好，快了。

犹豫半天，还是没给游游报名。其实这个幼儿园，我们盼了两年了。

离开的时候心情很差，迎面还陆续有父母和孩子走来，忽然有一种冲动，想拦住他们问问：你理想中的幼儿园是什么样？

这篇文字是两年半写的，当时是第一次去考察小区里新开的幼儿园，回来时候满心沮丧。如今，女儿游游已经是这个幼儿园中班的小朋友了。最终的选择，是因为"离得近"，外公外婆接送方便。

之后，经历了漫长而艰难的适应期，终于有一天，游在周末念叨："我要去上幼儿园，我都想燕燕老师了。"

就在我长出一口气没多久，燕燕老师离职了。又一轮的解释和再适应。期间，为了争取活动场地，为了留住孩子们都很喜欢的外教，为了控制班级里孩子的人数，为了减少看动画片的时间，家长们和园方有过一次次的沟通和探讨，有的成功了，有的未果。

絮叨这些，我是想说：每个妈妈心里大概都有理想幼儿园的美好模样，但是现实始终只是个排列优先级的过程。

更想说的是，幼儿园其实只是成长路上小小的一站，而父母才是始终陪伴在孩子身边的人。放下选择"理想幼儿园"的愿望，拾起自己的爱和力量，前面的路，难免磕绊，但总能度过。

幼儿园之
可以不理会的私人建议

● 有人说"不上幼儿园"写得太偏激，打击一大片。 说"好幼儿园肯定还是有的"。

是的是的，我完全相信有好的幼儿园，我就知道好几个。 只是统统离——我——家——太——远——啊！！！

在多一小时睡眠和一个好幼儿园之间权衡，我选择前者（这个是纯粹的毫无道理的个人意见啊，你可以不理会）。

● 有人说看了这些文章更纠结更郁闷了。 呵呵。 我就知道你一定会郁闷的，这样，我就不再是一个人了。

别生气，从我自己的感受来看，郁闷了一阵子之后，反而就轻松了。 所以我也希望，这些文章可以帮你们将对幼儿园的期待放下一点点，退后一步海阔天空，也许这样就不会拼命地，不惜一切代价要去进某个传说中的好幼儿园，也不会因为种种原因选择了一个普通的幼儿园而沮丧。

然后，一些小建议：

第一，如果条件允许，不要让孩子太早上幼儿园。 游是三岁 3 个月上的。 关于上幼儿园的年龄建议，我听过最扯的理论就是"趁孩子小，什么都不明白的时候赶紧送，这样好适应。 否则等大了，懂得多了，就更难劝他接受幼儿园了"。

真是 P 话！

2 岁多正是分离焦虑的高发期，这个时候强迫孩子与妈妈长时间分离，无异于雪上加霜。 我觉得，尽量让孩子 3 岁以后再上幼儿园，尤其是个性比较敏感，对安全感需求非常多的孩子，还可以再晚一点。

第二，我还是觉得幼儿园离家近，对孩子是个福气。

首先是可以多睡一会儿。 然后，对于我们这样主要靠家里老人接送的，就可以不那么辛苦（尤其是天气状况不好的时候，你就知道离得近多重要了）。 可以在不舒服的时候第一时间接回家，可以在遭遇了小状况的时候比较容易对付——比如，尿了裤子，需要送干净裤子去幼儿园。

还有，非常重要的一个好处是：在离家近的地方上幼儿园，周围多数都是附近的，或者一个小区里的孩子，孩子们比较容易熟悉，放了学可以一起玩，可以去你家去我家。 要是千里迢迢去上幼儿园，放了学也只能孤单一个回家了。 小伙伴有多重要，这个，不用我再说了吧。

第三，师生配比还是挺重要的。 一个老师看 5 个孩子，跟看 15 个孩

陪着陪着就长大了

子，心情状态绝对不一样吧。 那位说要送孩子去的幼儿园，一个班有 40 多个孩子的（还说原来有 70 个），我真心想问，您还能再找找别的吗？

最后，说过很多很多次了：对于孩子来说，你！ 永！ 远！ 比！ 幼！ 儿！ 园！ 更！ 重！ 要！

54 天小游入园记

这几天断断续续地整理 3 年前游游上幼儿之初的微博记录，本来是想给将要在这个秋天入园的孩子的爸爸妈妈一些参考。 但是整理完之后又犹豫了。 这真是一段相当艰难的经历，时至今日，再读一遍，内心仍会泛出真切的痛楚。

我有些担心，怕这段经历分享出来反而让很多人更焦虑。 这有点像当年我在博客里写了分娩故事，自以为文字已经很克制，却还是令很多年轻的小朋友脸色苍白。

所以，还说有些话要在前面唠叨一遍：

我是个对情绪非常敏感的人，而这方面，游与我惊人相似。 我也在保护她的情绪有点过于 protective，这一点，也常被一些人斥责为"事儿"。 所以，我和游的入园故事，仅仅只是发生在我们身上的个人故事，不一定每个孩子都会有相似的经历。

陪着陪着就长大了

另外，不想打断这段记录的完整性，所以其中涉及的一些技术性问题，比如，我们在入园准备期间一直玩的"上幼儿游戏"，还有一些帮助入园准备的绘本，以及给幼儿园老师写的一封信，我将在之后再另文说明。

> 7 月 16 日
>
> 游是个极谨慎、慢热，需要非常多安全感的孩子。上了一年多亲子班，仍不肯接近班里的美国老师，用了一个多月的时间才肯自己去上芭蕾课。而我对这些课程的期待，无非也是给她多一些不同环境的体验，现在想来，还有个作用：充分磨炼了我的耐心，也加深了我对她个性的了解。也算一种准备吧。
>
> 7 月 19 日
>
> 一家三口玩"上幼儿园"的游戏。我当小朋友，游当老师，爸爸当爸爸。爸爸送我上幼儿园。我哭喊着：不上幼儿园，我要在家玩。爸爸温和地劝：幼儿园有很多小朋友一起玩。我继续哭，游过来严肃指出：你都三岁了还不上幼儿

园？！ 我继续哭。 她慌乱了一会儿，然后走过来，给我一个大大的亲吻。

7 月 24 日

承认这一点并不容易，但还是要说——放手和放心，对我来说都相当艰难。 到目前为止，我把自己的焦虑掩藏得很好。 只是在每个无法入睡的深夜，想到游要上幼儿园了，在一个我和她都陌生的地方，开始我和她都陌生的生活，心，就会剧烈地痛起来。

7 月 30 日

周末的晚上，又玩了一次上幼儿园的游戏。 按游自己的角色安排，她扮演带哥哥（爸爸饰）上幼儿园的大姐姐。 我就演妈妈。 我们把幼儿园全天的流程过了一遍，最后是"妈妈来接"的桥段。 我蹲下身，张开双臂，游鸟儿般雀跃而出，扑到我怀里，把我抱得那么那么紧。

7月31日

8月的我和宝贝杂志做了《入园准备，孩子妈妈一起来》的文章。分享其中的一段：让孩子哭够一定不是解决分离焦虑的唯一办法。孩子分离焦虑严重，通常是因为预备工作不到位。所以，不要听所谓过来人说"孩子都会哭，哭两个礼拜就好了"这种话。这是自欺欺人的做法。

8月7日

昨晚再次玩上幼儿园的游戏（貌似游还挺喜欢这游戏的），我是宝宝，游是妈妈，爸爸是老师。我在"不肯去上幼儿园"的段落发挥了一下，加了句"我要外公也一起去"。游思索片刻，居然回答："好吧！"我瞬间凝固了。

8月10日

昨晚睡前，小游凑到我耳边轻轻说：妈妈，我上幼儿园我不哭。

8 月 11 日

推荐这本《汤姆要上幼儿园》。故事宁静地铺陈开：妈妈给汤姆买新书包，爸爸说他会有个好老师。"但他们并不认识我的老师啊。"汤姆睡不着，"我真害怕明天上幼儿园"。"和妈妈分开了真是太难过"，汤姆带着妈妈的手绢去了幼儿园，这是小朋友真实的心路历程，游主动要求讲过很多遍。

8 月 12 日

早上又让我讲了一遍《汤姆要上幼儿园》，讲到汤姆说"我很难过"时，游说："我一点都不哭，什么时候都不哭。"说完，还坚毅地咬住下嘴唇。我瞬间不知道该高兴还是难过。还没缓过来，游用同样坚毅的语气说："但是我不上幼儿园！"

陪着陪着就长大了

8 月 13 日

上幼儿园，对孩子来说是巨大的生活变化。我觉得还是应该早铺垫，早准备的。所谓铺垫和准备，不是简单说好或不好，而是逐渐让孩子了解：第一，这是件必然的事。第二，会有难过和不开心。第三，爸爸妈妈始终爱你，支持你。

8 月 27 日

还有两天，游就要上幼儿园了。给老师准备了这封信。写到"从今天开始，我们的女儿就拜托您了"时，还是有一滴泪不争气地落下来。

8 月 29 日

从今天开始试园三天，送半天。我送进教室，游紧咬嘴唇，流露出很大的不情愿。但是，没有哭。我放一个吻在她手心，让她牵着老师的手走了。

8 月 30 日

晚饭后给游讲《魔法亲亲》。她比以往更安静地倚在我身上听，然后悄悄地流了一滴眼泪，又自己悄悄地抹掉。之后，她不再肯看这本书，但是当我问她：在幼儿园想妈妈了怎么办？她像小浣熊一样，把自己有"魔法亲亲"的小手贴在脸上。

8 月 31 日

做了两天乖乖女，昨晚终于爆发了。临睡前先是抱怨幼儿园牛奶不好喝，然后开始啜泣，然后号啕了大概半小时，哭喊着不去幼儿园。我只搂着她说：妈妈听见了，听见了。今早穿了最喜欢的裙子，还是背着书包出了门。门口又号啕。我转身时，还能听见"妈妈抱着"的哭喊。

9 月 4 日

昨晚睡时游轻轻跟我说：妈妈，我就喜欢王老师陪着我，不喜欢她陪别的小朋友。我放了一点心。无论如何，有一个喜欢且信任的老师，是小游能在幼儿园得到的最大福气。不过，今早还是又号啕了。

我解决自己分离焦虑的办法就是吃。今天买的一大箱零食到货了。还有肥硕的西梅。

9月5日

今天第三天。早晨醒来就问：什么时候放假啊？然后默默地哭了两次，念叨不去幼儿园。第一次我说："你得去啊，要不王老师没看到你会难过的。"第二次我把手机上的日历给她看，告诉她再有三天就放假了。出门前穿鞋时又哭了，说不想在幼儿园睡午觉。我搂着她哭了会儿，答应抱着她去。

送完园回家，我换掉沾满眼泪鼻涕的衣服，化完妆，登上高跟鞋，出发去上班。早啊，忙碌的一天。

游每晚回来都很开心的样子，但是明显有小情绪，会故意吃手，一不顺心就尖叫。睡前在床上高兴地蹦着喊：K2B班的小朋友，你真棒！讲完故事没用 10 秒钟就睡着了。又是一天结束。不知明早还会不会哭。坚持，这是我努力在做的事，虽然十分地不容易。

9 月 6 日

第四天。早上一直睡，七点半时我狠心把她叫醒，特意找了她最喜欢的裙子给换上。随意问了句：带哪件睡衣去幼儿园呢？立刻就哭了：我不想在幼儿园睡午觉！然后转为夹杂尖叫的号啕。外婆说：要不跟老师商量吧。被我以严厉的眼神制止。哭了 20 分钟，要求我抱着送去，我答应了。

一路抱着，我给她讲最近最爱的书《谁嗯嗯在我头上》。我们一起学各种动物嗯嗯的声音，她开心地大笑，半路便同意自己走。到幼儿园门口又开始畏缩，我把她抱进班，她搂着我脖子，两只手都要我给了魔法亲亲，然后扑进刘老师怀里，跟我挥手道别。

2012 年 9 月 10 日

入园第六天。周一。昨晚开始表现出小小的忧郁。早早要求去卧室。我放音乐给她听，她说：我不想跳舞了，就躺着听吧。今天很早就醒了，在枕头边嘤嘤哭泣，要求：妈妈你直接抱着去幼儿园。穿衣，出门都很安静。路上几次伸出小小的手掌要求魔法亲亲。到门口我抱她进班，使劲搂了我一会儿，挥手再见。

当年生完游游时写过一篇叫做"生的回忆录"的文章，关于疼痛的部分我写过"其实，自己生也好，剖腹产也罢，疼痛，对于'做妈妈'这个终极目的来说，是个无法逃脱的宿命。无论你选择什么方式，采取什么措施，做好什么准备，都无可回避地要踏上这条独木桥，唯有经此道，才能到达新生活的彼岸"。

整理完幼儿园的文字，又想起这段话来，嗯，一次又一次的疼痛，就是成长的必经之路吧。对我们，对孩子，都是如此。

旅行有什么意思

回来了。

和以往每次旅行归来一样，需要一些时间才能慢慢进入工作常态。 这篇唠叨，纯属过渡期的废话，与养孩子无关。

我本不爱旅行。

我容易焦虑，害怕变化，贪恋舒适。 还因为少小离家，总觉得前路处处是异乡，心无安放处，便再难鼓起探索新环境的勇气。

大学时候每逢寒暑假，同学们招呼着去看大好河山，我总是急匆匆扑回家，一刻也不肯耽误地要把整个身心都浸在乡音乡情和旧时光里。

然后就毕业了。

我是早早婚、晚晚育的典型，幸而拥有长长的二人世界。 但是那时候以各自忙碌为生活的主要内容，极少休假，更少旅行。 好在所有两个人的路途记忆都是美好的。 哪怕是黄金周挤在人潮汹涌的杭州白堤，也开心地搂着某

陪着陪着就长大了

人的脖子直蹦高——看！那么多人，真有趣！哪怕是在热得要死的新加坡一直流汗，一直跟各种人掰吃根本听不懂的"新加坡英文"，最后记得的也是在河畔分吃冰激凌，脚下的粼粼波光荡漾着莫测的美丽。

不过还是遗憾，没能两个人一起都走走。无论在哪里遇见好风光，冒出来的第一个念头依然是——要和他一起再来看看。

最多的旅行是为了出差。

记得在上海日日泡在会议室，于是曾有一段时间贴心的朋友介绍我认识好几个夜晚 10 点后还营业的小店铺。那时真年轻，喝杯咖啡就能开心地"败家"到深夜。

记得广州，总是晨光中去，暮色里回，去过很多次也看不清楚那城市的模样。

记得香港，不停歇地约人见面，留下过我第一次喝咖啡喝到吐的经历。

记得纽约，白天暴走，半夜因为腿痛醒来，想起齐秦的歌："我的夜晚是你的白天，当我思念时你正入眠。"

记得米兰，和北京一模一样的灰色天空。

记得纽伦堡的中餐，门口的大条幅说刚获得了德国烹饪大奖。我从此不再在国外吃中餐。

但是，我从巴黎费尽心思背回来一座玻璃烛台，因为被那精致的红色微光吸引，也因为同行人的一句：你怎么知道以后不会有能安放它的好地方？

我在纽约吃到最好吃的提拉米苏（虽然我的意大利朋友始终不能认

可），至今闭上眼睛，仍有清香酒意。

我始终记得慕尼黑深冬的雪，拨开那一层晶莹的白色，居然露出一大片倔强浓厚的绿叶。

这些关于旅行的记忆，色彩各异，牵着时光织成一件斑斓美衣，我想，它的名字，应该就叫"经历"。

旅行应该就是一次经历。

每一次都不同，与以往相比，不好，不坏，但是肯定不同；与未来相比，不失望，不期望，但是应该值得。

这次旅行，带一家老小去北海道。

第一个晚上，我们在洞岩湖畔等着看那里最著名的夏季烟火。游客不多，大概有一小半是中国人，然后有一大群日本中学生。烟火从湖心的船上射向夜空，鸣响、绽放、陨落。多数的中国游客都安静地望着。我理解这种安静，见惯了北京上海大阵仗的人，有足够底气嘲笑眼前的景象"小儿科"。

日本孩子都好开心，他们跟着烟火奔跑，整齐划一的黑皮鞋在卵石路面上敲击出热闹的声响。他们在每一次烟火绽放时鼓掌欢呼，乐得直蹦高。

游也好开心。为被突如其来的烟火爆炸声吓一跳开心，为放到空中却没炸开，只是灰溜溜落下来的小光点开心，为可以在夜色中跑来跑去开心。

这是她的经历，不知道能留存多久，但一定会混入她缤纷丰富的记忆，并且略略改变一点生活的颜色。

给幼儿园老师的 "介绍信"

这是在游上幼儿园的第一天我给老师的。希望对你们也有些参考。

老师:

　　您好!

　　从这个月开始,我们的女儿游游就成为您班上的一名新学生了,将要开始对她,对我们来说都有些陌生的一段新旅程。

　　迎接一批新生入园,您一定非常忙碌,为了节约您的时间,也方便您比较快了解游游,我们想先通过这封短信,介绍下我们的女儿。

给幼儿园老师的"介绍信"

性格：

游游是个敏感慢热的孩子，对于不熟悉的环境，以及陌生的人和事，往往抱有十分的警惕，需要比较长的时间才能慢慢接受。而一旦接受，就能释放内心的活泼和十二分的欢喜。所以，如果可以，希望您多给她一些时间和耐心。

自理能力：

○ 语言表达能力比较好（但可能因为认生而不愿意说话）。

○ 可以自己吃饭。

○ 可以自己大小便。脱裤子比较利索，穿会费劲一些。

○ 能很好地配合穿脱衣服，但自己穿还不熟练。

○ 可以自己穿鞋。

生活规律：

一直有较好的生活规律和较好的午睡习惯。但是幼儿园的生活规律基本比家里要早一个小时（以午睡为例，她每天是1点到3点睡觉的）。我们会配合调整时间，但总需要个过程。

希望老师特别注意的：

○她有个安慰物，是剪下来的我的一截黑色睡衣，睡觉的时候，或者觉得焦虑的时候会拿在手里闻。她叫它"小领子"。我们已经将"小领子"放在干净袋子里，装进她的小书包，希望老师能在她需要的时候给她。

○她特别爱出汗，经常半天时间就能把衣服后背湿透。希望老师能在觉得必要的时候帮她换下衣服。她前额的小辫子，也是为了防止出汗长痱子才扎的，也请老师费心。

○她是外公外婆带大的，说话略带云南口音。可能老师刚开始跟她沟通的时候需要适应一下。

给幼儿园老师的"介绍信"

以上，就是游游的大致情况。从今天起，我们的女儿就拜托您了。我们也会积极配合，希望幼儿园的时光，成为她（和我们）成长路上一段灿烂美好的旅程。

有任何问题，随时沟通。

谢谢，拜托了！

游游的爸爸和妈妈

入园准备碎碎念（上）

今早送游游上幼儿园，门口有个小男孩，看着像是小班，一边被妈妈拉着走一边哭。等我送完游出来，他还没进去，甩开妈妈的手跑到门口一辆停着的车后面，哭着说："妈妈，我现在已经躲起来了，我躲起来了（我猜他意思是：我都已经躲起来了，你应该看不见我了，就不用送我去上学了）。"妈妈心疼又着急，但是没什么办法，只是一遍遍重复："你该去上学了，你这样别人都笑话你了。"

忽然就特别心痛，并且有特别大的无力感，这种感觉，蔓延了一上午。

于是接着写这篇断续写了很久的"入园准备"，希望有用。

为什么要做入园准备？是为了让孩子（和自己）适应分离，适应和新的社会关系相处，适应幼儿园的生活。

那么，我问自己：游游已经适应幼儿园了吗？

游游 5 岁，现在已经是幼儿园中班的孩子。我时不时的会在心里问自己：她喜欢上幼儿园了吗（是的，我不太敢问她，只是默默地问自己）？

我问过她：你喜欢刘老师吗？ 喜欢。 喜欢上跆拳道课吗？ 喜欢。 喜欢今天的游戏吗？ 喜欢。

她自己也会说：喜欢星期二，因为星期二要去当"小帮手"，帮老师发盘子，以及在小朋友尿尿时提醒他／她要冲水。 喜欢星期三，因为星期三的晚餐是肉包子。

我猜，假如问她"喜欢幼儿园吗？"她有一半的可能会答："喜欢。"但如果追问："想去上幼儿园吗？"她多半会答："不想。"

我觉得她只是默默地接受了"我必须得去上幼儿园"这个事实。 不过，她喜欢她的老师，会甜蜜地告诉我："今天我跟刘老师说她真漂亮。"或者因为"老师专门给我折了个花篮"而十分欣喜。 她有了好朋友，闺蜜型那种，干什么都愿意在一起。 她没有过大的情绪起伏，聊起幼儿园生活，基本状态是平和快乐的。

这样的状态，我觉得，算是还好吧。

那么，怎么做入园准备？

曾经接受一个杂志的采访，问到："怎么为孩子做入园准备？"记得当时我答："入园准备，应该从孩子一出生就开始了。"虽然隔着电话，我也能感觉到采访者的心情——这个人疯了！？

我没有夸大其词。 记得在林文采老师的一次讲座上听过：妈妈能为孩子

陪着陪着就长大了

做的最好的事，就是允许他与你分离（大意）。而"分离"这个过程顺利与否，与孩子的安全感有密切的联系。"安全感"的建立，难道不是一出生我们就应该和孩子一起做的功课吗？

因此，你在孩子的婴儿期是否能始终给他及时的回应和无条件的接纳，跟随孩子的长大是否能给他安稳的感受，你每天上班前如何跟孩子道别，晚间如何哄他入睡……这一切的点滴，都关系到孩子安全感的建立，这每个点滴的积累，也就决定了当需要他与你分离时，他如何接受，或者需要多长时间来接受。

我一直说，游是那种肯定会很难接受幼儿园的孩子。而我能做的事，就是接受这个现实，准备好巨大的耐心与包容力，放慢脚步，放低期待，跟随她的脚步，陪她一起走。

说到这里打个岔，我一直觉得，上幼儿园前半年给游报的芭蕾课也算是幼儿园准备的一部分，那段对分离的艰难适应的经历最大的意义在于让我对游有了更深的了解，并且也极大的锻炼了我自己的内心。那个过程，让我清楚地看到将要和游一起面对的幼儿园经历可能会多么艰难。有了这样的心理建设，至少，我们打的是有准备的战。

除了这些虚的，我当然也做过一些实际的努力。比如，借助"游戏"，用角色反串的方式（她扮演老师，我和老公轮流饰演家长和哭哭啼啼的孩子）帮助她释放情绪。

146

写到这里，一定要再次推荐《游戏力》这本书（推荐过好多次了，但总忍不住在每个适合的机会再说一遍），关于我们玩的"上幼儿园"的游戏的方法、意义，以及育儿路上的很多很多，这本书都能提供帮助。

一定要记住，玩这个游戏的基本方法是角色反串——你演孩子，让孩子扮演你或者老师。 游戏的基础是"释放"和"接纳"，绝对不是"说教"和"假装模范"。 不愿意上幼儿园一定是孩子最正常的心态，千万别试图通过讲渲染、美化、讲大道理或者树模范典型来迫使孩子接受。

幼儿园可好了，好多好玩的玩具。 老师特别会讲故事。 你会认识好多新朋友……这类的好处其实往往对孩子并没什么吸引力，而且，他当下最关注的"爸爸妈妈不和我在一起了"的问题并没有得到解答。

上幼儿园才是乖孩子，妈妈才喜欢你。 上了幼儿园，妈妈就给你买你最想要的那个玩具……这类"讲条件的爱"是更糟糕的说辞，隐藏在背后的"如果我不上幼儿园，我就不是好孩子，妈妈就不爱我了"的信息会让孩子本来就不足够的安全感整体崩塌。

那么怎么说？

再强调一遍——不愿意上幼儿园就是当下孩子最正常的心态。 我们（爸爸妈妈和孩子）都要接受这种状态。 所以，角色扮演中，如果你演孩子，那就是一个哭哭啼啼或者别别扭扭不肯上幼儿园的孩子（哭的程度，表达的方式要依据你对你孩子个性的了解来做）。 揣测孩子的理由，你也可以说"我不想去幼儿园，我要和妈妈在一起。""我觉得在家更好玩。""我要带着我的兔子一起去"之类。

总之，游戏的第一个目的就是让孩子知道：不愿意上幼儿园是很正常的。我可以把这种心情告诉妈妈，妈妈能接受的。

然后，让孩子扮演大人（父母或者老师），看他在这个角色中会说什么做什么，能很真实地帮助你了解孩子对待幼儿园的态度和心情。

除了"送幼儿园"，也要玩"接幼儿园"的游戏。"放学了我会去接你"对孩子来说是非常非常重要的一个承诺，通过反复的游戏，能让他相信这个承诺。

其实吧，写这些话的时候我有点心虚，"游戏力"是非常考验父母心态的一种方式，我总担心我解释得不够专业和清晰，所以吧，还是建议大家去看书哈。

当然，有问题可以发给我，咱一起探讨。

入园准备碎碎念（下）

图画书

借助图画书，来给孩子一些缓解分离焦虑的方法。个人觉得最好的两本是《汤姆要上幼儿园》和《魔法亲亲》，分别适用于中长期准备和近期准备（也有同事推荐过一套《小青椒上幼儿园》，据说也不错。我没看过，供参考）。

之所以推荐这两本，最重要的原因也是觉得它们的"幼儿园观"我比较赞同。没有对幼儿园过度美化，没有给成长太多压力，只是安静地讲述这样一个事实：你长大了，要去上幼儿园了。那里有老师和很多小朋友，你会有很多新鲜的体验。而无论在不在一起，爸爸妈妈一直爱你，会一直给你支持，这是永远不会改变的。

《汤姆要上幼儿园》不带任何评论的讲述了汤姆去上幼儿园的故事，妈妈如何给买新书包，汤姆如何不安，晚上睡不着，第二天上学路上，看到有小朋友哭了。 在幼儿园如何度过一天，画画，游戏，认识新朋友。 晚上妈妈如约来接。

从上幼儿园之前一两个月开始，反复给游讲过很多次这个故事。 和讲其他的故事一样，只是读，不做评论。 但是我相信，这个故事，在游的内心建立了对幼儿园最初的印象。

然后是《魔法亲亲》。

小浣熊不肯去上学，不肯离开妈妈去一个陌生的环境。 妈妈在小浣熊的掌心印上一个吻，这样每当小浣熊在学校感到孤独的时候，把掌心轻按在脸颊，妈妈的吻就会温暖他的心。

记得是在游上幼儿园前几天给她讲这本书的，她极为安静地听完，默默地留了一滴泪。 然后，她再也不肯看这本书了（嗯。 小游是个对情绪超级敏感的孩子，我猜，她清楚地知道我给她讲这本书的目的）。

虽然《魔法亲亲》只看了一遍，但这个方法却成为入园第一年我们母女的法宝。 我给她一个可以握在掌心的吻，也管她要一个吻留在我的掌心，告诉她——妈妈上班的时候也会想你呢。 想你的时候，就看看我们的魔法亲亲。

最快乐的事

这不算是"入园准备"了，而是游上幼儿园之后我们新增加的一项活动：每天睡觉前说一件"最快乐的事"。

入园准备碎碎念（下）

用这个方法，第一是希望旁敲侧击地了解下她在幼儿园的状况（是的，千万别在孩子刚上幼儿园的时候一回家就追问：今天怎么样啊？ 老师凶不凶？ 小朋友有没有欺负你？ 一方面孩子其实很难真实清晰地说清楚状况，另一方面，他很容易就接受到"妈妈一点也不放心我在幼儿园"这样的信息）。

同时，有那么点阿Q的，希望渲染出一种"今天我还过得挺不错的"的状态。 再有，想着"最快乐的事"入睡，应该也容易做好梦吧。

翻翻之前的记录，游说过的"最快乐的事"包括：晚饭吃了木耳炒白菜；画画的时候把苹果整个涂成了粉红色；妈妈今天下班早回来了；中午午觉睡着了……这个游戏，我们一直到现在都还玩。

所有这些办法，很难说到底多有效，但我相信它们一定能给游一些东西，这些东西，在她的内心，缓慢地释放能量。

最后，再给几个关于入园准备的个人小建议吧：

·条件允许的话，我主张让孩子晚一点入园。 年级哪怕是就大几个月，孩子的理解力、表达力和自理能力都会有更好的进步，也更容易适应幼儿园。

·不要要求孩子"不哭"。 "哭"是一种正常的表达，孩子应该明白，不开心的时候可以哭，而不是压抑自己的情绪。 所以在入园前期跟孩子交流时，别用"哭不哭"来作为孩子"乖不乖"的标准。

陪着陪着就长大了

·妈妈也要找到缓解情绪的方法。 不知道别人如何，反正对于我这种情绪敏感的妈妈来说，入园也是一个巨大的考验。 在孩子和家人面前表演淡定和温柔。 离开人群后，一定需要一些方法来安抚和排遣自己的情绪。

·相信和尊重幼儿园老师。

妈妈要去上班了

我产假只休了 3 个月。

大概是因为游游还小，不到分离焦虑的高峰期，所以，我上班遇到的最大问题倒不是她不让我走，而是她不肯接受奶瓶（这又是另外一个拉拉扯扯，"敌"进我退，比拼内心力量的 long story，就不在这里□唆了）。

我没有鼓励你们早上班的意思，不过，如果是上班妈妈，从宝宝出生后就应该对此有所准备，比如说慢慢要过渡到由其他人负责带宝宝午睡，给宝宝喂奶，让宝宝能适应与不同的养育人"合作"，而不是上班前一周才硬生生要求宝宝适应。

但即便如此，分离从来就不是件容易的事，生活总要变着法儿给我们出难题。我当时早早就安排好，虽然是全母乳喂养，但每天有一两顿是由爸爸或者外婆用奶瓶喂她。她在我整个产假期间都开开心心吃奶瓶，结果我一上班，她就不肯吃了。现在仔细想想，这恐怕也是她表示"不要妈妈去上班"

的一种方式吧。

　　所以，在"妈妈要上班"这个问题（其实也包括今后将要遇见的很多问题）上，并没有快捷有效、能消灭眼泪、解决各种麻烦的"妙计"。大原则是早早安排，慢慢过渡，但内心要允许（自己和孩子的）纠结、焦虑、不适应，以及一个可能比较漫长的过渡期。

　　而且吧，从个人经验看，上班这件事，随着孩子的长大，往往不是会逐渐平息，反而可能愈加"麻烦"。因为随着他认知能力的增强，对情感的体会便更丰富，表达方式也越来越多，会用各种方法来表达自己的"不舍"和"挽留"。

　　就拿我出差来说，1岁以前虽然心里牵挂，但还是比较容易离开，但当她长大些，开始会在前一天晚上就像祥林嫂似的念叨"妈妈我真的真的真的不要你出差"时，真是一个头两个大。

　　也有人问：怎么跟孩子解释"妈妈为什么要上班"这件事呢？

　　这个嘛，不同年龄的孩子理解力不一样，难有标准的答案。不过，关于上班，我会努力避免"上班为了挣钱给你买玩具"这类说法，尝试告诉女儿：第一，每个人都有自己必须要做的事，不管你愿意不愿意。第二，巴士司机上班，巴士才能开。商店阿姨上班，商店才能买到东西。很多人上班，生活才是现在这样方便。不过，解释归解释，不能完全避免孩子的不接受。

同时，分离焦虑的问题，也不单单是靠"解释"能解决的。 需要通过很多途径告诉孩子：妈妈得去上班，但肯定会回来。 在这个问题上，之前推荐过的游戏方法同样有效。

除了转换角色扮演，我和游还有另外一个游戏——再见舞：出门前互道再见，然后游和我亲亲（嘴对嘴热吻）、蹭蹭（碰碰额头）、抱抱（大大拥抱一个）、手拜拜（挥手再见）、脚拜拜（跺脚再见）。 整套动作一次完成，游已经认为妈妈上班是件很有趣的事了。

此处插入重要提示：千万别偷跑，一定要说再见之后再离开。 是的，我知道这样做有多难，会有更多眼泪，更多难分难舍。 尤其是工作单位对时间要求比较严，妈妈压力就更大了。 所以我会建议妈妈辛苦一点，把早上的流程提前 20 分钟，这要就会有相对充足的时间处理各种问题（不过，很惭愧地说，像我这样有时间强迫症的人，在当了妈之后也无可避免地变成了一个有点拖拉和常常迟到的人）。

Online 时代，我闭嘴

我已经很久不发微博了。

因为，我越来越不知道该说什么。

微博其实是我工作的一部分。宣传杂志，以及杂志所倡导的育儿理念，分享些采访感受和发稿心得，记录女儿的日常生活，分享路遇的好想法和好物件……这些，大致是一个育儿杂志主编微博的题中应有之义。

不过……

我常常会收到各种问题，常见的是"主编，我的宝宝不爱吃饭怎么办？""＊＊疫苗一定要打吗？""我的宝宝＊＊个月，体重＊＊，您觉得她的发育正常吗？""能推荐些适合两岁孩子的书吗？""您上次说的＊＊书哪里有卖？"

面对这样的问题，我无力且无奈。一方面欠缺专业知识，只能一遍遍解释："健康问题要去问医生。"另一方面，即便是我还能凭个人经验给点意

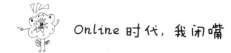

见的养育问题，往往也要先问一大堆个人情况。至于特别简单的，百度就能解决的"什么在哪里卖"的问题，我也不打算天天给人做"搜索小帮手"。

我也常常得到各种评论，多数是"游妈，你真是个有耐心的好妈妈呀。""游游有你这样的妈妈真幸福啊。"

我时常想，如果我的每一条育儿笔记都会让一个妈妈觉得"我太糟糕了，我怎么就做不到呢"，那么，我宁愿从此不再写了。

140 个字的局限，说不清背景，讲不明逻辑，解释不了因果。它真的只是个碎片，你永远也猜不到它从哪里掉下来，看见的只是它在不同人眼中折射的不同的光线。

在这个 online 的世界里，到处是这样的碎片。

我看见过某个明星骄傲地讲述自己是如何在一两天时间里让女儿戒掉安慰物，"谆谆告诫"大家"为了孩子好，该狠心的时候就要狠心"。我也见过生意红火的童装店店主在自己写的育儿经里推荐从香港带回的咳嗽药，说是"女儿用过非常灵验"。我还看过朋友圈里被转发无数次的各种海外妈妈育儿经，众人纷纷附和"写得真好"，我却看得暗暗心惊。

当各种信息触手可及，当世界与我们"只隔着一次点击的距离"，还真说不好这是幸运抑或不幸。

我的微博里被转发最多的是这样一条："现在，年轻的母亲们对很多事

陪着陪着就长大了

情都表现得神经质，变得容易担心。 这是由于我们生活在信息化的社会里，被片面的或过多的信息所愚弄，从而丧失了自己的判断。"这是日本知名的儿科专家内滕寿七郎 20 年前写在书里的话。

　　送给你们，也留给我自己。

读书的心情

给小游买图画书越来越困难了。

昨天带了《南瓜汤》回家，她说："你别讲，我先看看。"把书放在我腿上，翻了一遍之后说："我不喜欢看，你送给别的小朋友吧。"嗯。 之前不是没有预感。 因为封面上那只猫的形象，略显狰狞。

她不喜欢《朱家故事》，我很诧异——这明明是她喜欢的温暖＋小搞笑啊。 好几天之后，她吭吭哧哧地说："我不喜欢妈妈没有了。"

"哦。"

她不喜欢《老婆婆吞了一只苍蝇》，而且是非常不喜欢。 每天催我："你把那本书拿走吧，放到办公室去吧。 因为——'太黑'。"

她也不喜欢《熊和山猫》。 这事儿赖我，给她讲之前没来得及自己先看一遍。 她看到小鸟死了的时候，脸上的表情就僵住了。 但是我坚持让她和我一起看完，因为不想让她的记忆就停留在"小鸟死了"那里。

陪着陪着就长大了

她还不喜欢强盗的个子太高，不喜欢小猪被小狗抓住了，不喜欢雪人被邮递员叔叔撞到了，不喜欢爸爸掉进水坑里了……

所有这些书，她坚定地，再也不肯看了。

我一度因此有些恼怒。

后来慢慢记起：我也是这样啊。

我看《东京爱情故事》，难过了好几个月。 最喜欢的作家龙应台，我读过她几乎所有的作品，唯独那本《目送》，簇新地立在我的书架里，再没打开。 还有哈利波特，小天狼星死了那页，每次读，我都会跳过。

哎。 哎。 哎。

所以，给游买书，科普类的（比如，"第一次发现"）或者认知学习类的比较安全。 所以，对我自己，戏谑玩闹的文字更好，惊悚恐怖的剧集也不赖。

我想，这大概是我们潜意识里的一种自我保护，与情绪相处，对我们而言，是个不小的挑战。

我也常常想起一位心理学老师跟我说的话：你有个敏感的孩子吗？ 恭喜她，她会比别人多看到更多美好的情感。 看着"顽劣"又"倔强"的小游在房间里来回疯跑，开心地称呼别人（和自己）"臭大屁"。 真不知道她的内心，会将收集的光线，折射出怎样的色彩。

也许我应该随她，先把接受不了的感情包起来，放一阵子再说。

放 下 一 点 点

今天是9月1日。昨晚翻朋友圈，跟游爸开玩笑说：我朋友圈里的人，一半在晒"包书皮"，另一半在转龙应台。

是啊，开学日，对太多父母来说，是个特别的日子。

应个景，翻出这篇旧文字，祝我们和我们的小豆包们——开学愉快！

我一直以为，若政策允许，那么阻碍妈妈们要第二个孩子的重要原因首先是经济压力，其次是时间和精力。没想到，跟周围的朋友同事聊这个话题，居然有很多人说："不对，我最担心的是，如果生了老二，就不能全心全意爱老大了。"甚至有人红了眼圈："如果有了老二，那老大多可怜啊。"

啊？这个这个……

忽然想起一个类似的问题：做了妈妈，还会有足够的爱给丈夫吗？我那些曾经为这个问题纠结过的女朋友们如今大都已经将甜蜜的二人小世界扩展

陪着陪着就长大了

为热闹的三人天地，我相信，她们再不会有这样的烦恼。

爱，是一种多么复杂的情感，无法切割，更无"公平"可言。若放下将爱"平均分配"的期待，它反而会愈加丰盛，在每一个你爱的人面前，呈现独特的美好。

最近这一两个月的主题词是"幼儿园"。每次被问到："怎样选择理想的幼儿园？"我总是不厌其烦地建议："离家近是首选。"我总是希望父母们能放下对幼儿园"理想"的期待，在健康和安全的前提下，容许幼儿园有这样或者那样的不周到。

我不太喜欢听"我把孩子交给老师了"这样的话。放下让幼儿园接管你对孩子的责任的期待，继续用你的（甚至是更多的）爱，用牢固的亲子关系支持孩子的幼儿园生活，那么，你们和幼儿园的关系，也许会松弛许多。

说到"放下"，还想起正在读的书里有这么一段：

"通常，这些自信满满地规划新生活的夫妻，都会让自己未来的为人父母生活充满目标和高期望。'我们绝不会……'，或者'我们的孩子一定要……'他们总是爱说'将要'或者'不要'，因为在你还没有孩子的时候，生活通常会应和你的期望。所以你还会妄想自己可以掌控生活——这却是真正的父母们早就放弃了的事！"

放 下 一 点 点

读到这里，你也笑了吧？

一路走着，生活不停展现给我们新鲜的风景，我们也得学着放下一些无用行李。有的时候，只需要放下一点点，就足够你直起腰来，看到更远的地方。

要不要上早教课

时常就会有人在微信后台问我：游游报早教班了吗？ 或者："钟老师，你对早教怎么看？"

这个这个这个嘛……

坦白说，我是这样一种父母：

在孩子出生前信誓旦旦——绝不给孩子报任何班，就让她轻松快乐地长大。 而实际情况是：游游六个月开始上亲子课，不到三岁开始上芭蕾班，现在刚刚五岁，是网球班里年龄最小的学生。

看到这里，你脑海里是不是已经浮现出一个老妖婆般的妈妈形象。 先别把我想得那么糟，关于亲子班，我曾经写过这样的文字：

很多妈妈会在考虑"要不要带孩子上亲子课"的时候来问我的意见。 我们的对话通常是这样的：

我问："为什么要去上亲子课呢？"

答："我希望他能学会跟小朋友相处。"

哦，那也许你会失望。不到一岁的小朋友，其实并没有与同龄孩子交往的意识和能力。

答："我希望她可以不那么胆小。"

我记得游游六七个月的时候，会开开心心在课堂上跟大家微笑，欣然参与几乎所有的活动。但到了一岁以后，很长一段时间里每堂课都紧攥着我的衣角。

小朋友的"无畏"很多时候只是出于"无知无识"，而所谓"胆小"和"认生"其实是成长的一种可喜的暗示。

那么，我为什么要带女儿去上亲子课？

给游选的那个亲子课最早是因为杂志做选题而有所了解，当时这个课程主打"身体"和"运动"，立刻就打动了自小体育课就没有及格过的我（父母总要在孩子身上补自己缺失的部分，我也没能免俗啊）。

所以，1/3是打着"育儿编辑得了解早教课"的旗号，1/3是抱着让游成为一个"对身体有掌控力"的小孩的愿望，1/3也和你们大家一样，希望她可以因此开阔眼界，开发大脑，开心成长之类的 blablabla，我很迅速地花了好几大千，为半岁多的游报了亲子班。

我曾经这样描述过亲子班的好处：

那里有好多家里没有的大型玩具。因此，在天气不好的周末，亲子课就成为消磨时间的首选地。

那个上午可以成为我们一家三口难得的"约会"。辛苦了一周的外公外婆可以有几个小时安静的休息时间，总是早出晚归的爸爸可以陪女儿跳一支笨拙又美丽的舞蹈，我可以在下课后匆忙逛逛隔壁的商场。

那段经历会打开一扇新的窗：游游透过这扇窗，可以看到很多不曾见的人和事（我已经发现，那里最吸引这个小孩的，往往不是玩具和音乐，而是老师唱歌时夸张的表情和小朋友的奇怪的袜子）。我透过这扇窗，可以看到一个不一样的游游（被推倒了会有什么反应？想要玩球会怎么跟陌生人提要求）。

是的，相比那些讲起来总觉生涩的"大脑发育理论"，我更在意亲子课关联的这些感性的，也许对于很多人来说没什么实际意义的价值。但是，那段经历，至今回想起来，我脑海里的画面依旧是温暖美好的。

不过，要严肃地表达两个意见：

第一：虽然常常会因为"有更好玩的事"（比如，去旅行、去公园、去看演出）而请假，但只要去上课，我和游爸必定认真地陪完全程。一起唱歌，一起跳舞，一起做游戏，做她最投入的伙伴和最认真的观众。

所以，我超级鄙视那些缩在教室角落里玩手机的父母，或者总让祖父母甚至阿姨陪孩子上课的父母。如果你中枪了，那么，不要问我"早教课有没有意义？"失去了你的陪伴，任何活动的意义都大打折扣。

第二："游记"的老读者应该已经知道，小游是个性格非常慢热敏感的孩子，所以，大一些之后，她反而不太愿意参与亲子课的活动，或者要在一旁看很久才迟疑着向前走。我从不催她。甚至，如果她情绪或者状态不好，我们就干脆"半途而废"，带她离开，去外面玩。

特地说这个，是因为如今的亲子课早教班大都价格不菲，所以父母们往往寄予很高的期望，想要充分利用每一分钟，以"值回票价"。但在孩子的幼年，尤其是一两岁的阶段，我坚信"开心"是判断一切活动意义的出发点，勉力向前，只会离你一切美好的初心越来越远。

也因为这个，我往往建议父母们要选择自己的经济能力能轻松承担的早教课。或者，说白话点，就是你要准备好"花了这笔钱，如果之后孩子不爱上，我也不会特别肉痛"。

游的亲子课从 6 个月上到两岁半，最后停止，一方面是因为她开始上芭蕾课，时间上有冲突，另一个更重要的原因是她始终不能接受新换的外教（游在 2~3 岁这个期间莫名其妙地对所有的金发碧眼表现出无比的恐惧）。

后来报了芭蕾课，两个原因，一是芭蕾课是不允许父母陪同的，我想把这样的经历用作游游上幼儿园前的一个过渡。二是这个课能充分满足小妞对粉红色纱裙和小公主梦的迷恋。

后来，虽然幼儿园的适应仍然漫长而艰难，但由芭蕾课开始练习的与妈妈的分离还是成为了很好的铺垫。现在芭蕾课上了两年了。我没怎么强迫

陪着陪着就长大了

过她练功，但偶尔也会豁出去我的老胳膊老腿陪她劈叉和下腰。而她是那么那么地喜欢跳舞，能够在任何一段音乐响起的时候，在任何的地方迈出舞步。她跳舞时沉醉的表情，常常让我感动。

再后来报了网球课，主要是因为游游的好朋友要学网球，于是让游也跟着上，这样两个平日不容易见面的孩子下课后就可以开开心心玩一整天。我们上周还有过这样的对话：

我："喜欢网球课吗？"

游："喜欢。"

我："为什么喜欢？"

游："因为有多多。"

和很多的父母一样，我陪伴女儿成长的过程缠绕着各种焦虑与纠结。大环境逼仄又无奈，密布各种纷乱的信息。未来则遥远且不真实，常常容易丢失方向。我自然希望她快乐，但是也担心我的"放任"是对她将来的"不负责任"，我觉得我可能得对她有所要求，但是并不确定我今日的选择一定是她未来幸福的起点。

所以我小心谨慎地一步步向前。首先给游创造各种尝试的机会，然后必定是亲自陪伴，和她拉手前行，也许走一走发现路不通，那就换条路继续。

早教本是个宽泛厚重的概念，学习也是不停延续生长的丰富体验。我们即便无法跳出大的社会背景，但至少可以尽量不给自己和孩子设限。上不上

要不要上早教课

早教班？ 学不学钢琴？ 选什么学校？ 每一个选择其实都能找到进退的余度，每一种体验也都可以有多重收获。

所以，上不上早教课，注定是个我无法替代你回答的问题，对吗？

p. s.这篇文字的一部分，来自我为林怡老师的新书《让孩子天赋自由》写的推荐序，据说这篇序在网上被转得很多。

169

送什么礼物给老师

大概每一年的这个时间都会有人问你，或者是你问别人："要不要给老师送礼？"

这个问题总令我想起小时候。

我初中三年高中三年是同一个班主任兼语文老师。我是他比较中意的一个学生。那年月"给老师送礼"这件事远未进入大众关心的焦点，但是每个学期末，爸爸总会带我去老师家里，聊那么一个小时左右，大部分是关于我的学习啦，表现啦，同学关系啦，小部分是家长里短，以及各种行业逸闻（我们那个小城市，在接近的圈子里，几乎谁都和谁认识）。临了，爸爸会从包里拿出用报纸包得严严实实的一条烟放在桌上，起身告辞，带我离开。

这样的拜访六年里几乎不曾中断。我不太记得老师对这个礼物是什么态度，但无论什么态度，都没有影响他成为我至今仍然尊重爱戴且感激的一位好老师。毕业之后每逢回家乡，也都会再去看他。

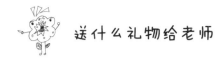

还有一个细节要交代：我的这位老师，曾经在某个时期做过我爸爸的学生。而当他成为我的老师后，爸爸曾对我说过："我是家长，你是学生。我们都要尊重你的老师。"这种尊重，一方面是日常接触点滴表达的态度，另一方面，就是这一学期一次的谈话，还有，那份礼物。

或者说，最后才是那份礼物。

后来我自己也当了老师，但在我短暂的教师生涯里从未收到过家长的礼物（这算失败吗），倒是离开之后的很多年里，每年教室节都还会收到当年学生发来的短信。

如今我也是学生家长了。今年是游游上幼儿园后的第三个教师节。

第一个教师节，还在入园适应期，各种焦虑，所以彻底给忘了。直到下班回家，外婆说看到好几个小朋友拿着康乃馨给老师，我才幡然醒悟。慌乱了一阵子，想要找点什么补救的方法，但后来还是决定算了。

无论怎样的礼物，最起码的，还是应该承托着一点点感情吧。而那个时候无论我们家长还是小游，坦率说，还没跟老师建立感情呢。这时候的礼物，我相信老师会觉得唐突，我们也送得勉强。

第二年，我在网上给游买了的手工套包，叫上游爸，三个人用了一晚上的时间给老师做了几样礼物，包括有贺卡，小记事本，好像还有个小花盆。然后我让游自己决定那份礼物送给哪位老师，我们给写字，她画了画，第二天一早陪她一起去送了礼物。

陪着陪着就长大了

今年怎么办？ 我也还没想好呢。 升大班了，老师都换了新的。 所以犹豫，就是觉得老师都是新的，游游对她们还没什么感情呢。 我不排斥送老师礼物，但我希望这里一定要有游游主动表达的意愿和感情，而不只是大人的"另有所图"。

想想看吧，如果在孩子那么小的时候就示范给她敷衍的礼尚往来，是有多悲哀。

所以，我打算睡前聊天时先探探口风，看小游自己有没有想送老师礼物的愿望，如果有，就陪她一起做点什么吧。

不过，我一定会做的事情是和游一起给她以前的两位老师发祝福（感谢微信，让白字小妞也可以很方便地跟她的老师们表达心意）。

说到这里，我想扯点别的。

之前写入园准备建议的时候，最后一条我写的是"相信和尊重幼儿园老师"。 这行字敲完之后，总觉得有好多话还没说，一时又没想好怎么说，就匆匆收尾了。 所以，这里，想接着聊聊家长和老师的关系。

我是个内向的人，不善交往。 与游的老师的关系，始终在礼貌和尊重的基础上保持谨慎的距离。 除了非常必要的沟通，几乎不曾主动与老师攀谈。

不过我有我表达尊重的方式。 比如，每天送园，一定会跟老师说"老师早"（游很少说，她就是那种"不乖巧"的小孩，你们懂的）。 把游送进教室，我一定会对老师说"拜托您了"，然后再见。 我的问候和感谢是真心且

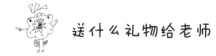

愉快的，不仅仅是给游的礼貌示范，也是我作为家长对老师应有的表达。

我开家长会从不迟到，并且专心听讲。还记得游游年轻的主班老师第一次主持家长会，紧张得不行，我便一直专注地听，在她每个慌乱的空隙，给她适当的回应。

我一直在家园联系簿上写长长的留言（是，我就是不擅长说，但是能写）。以我擅长的方式，告诉老师游游因为她而得到的每一个小进步和小收获。

是不是比起教师节一个匆忙敷衍的礼物，在每个普通的日子静静做个"好家长"更是老师需要的吧。

游也是幸运的孩子，遇见的都是有爱的老师。

第一个主班老师带了他们不到一年就离开了，游至今还会念叨她的名字，要求我从朋友去翻老师的照片给她看。第二个主班老师也在他们升大班前离开，得知这个消息，我给老师发了这样的留言：

"刘老师，听说您要走了，虽也是意料之中，但还是难过。要谢谢您这两年对游游的照顾，谢谢您为她编的花样翻新的小辫子，谢谢您为她写的温暖的家园联系册，谢谢您带给她的爱与欢乐。幼儿园老师是太不容易的工作，您是很有爱且真诚的老师。两年陪伴，是游游，也是我们家长的幸运。想想以后会有很多别的孩子拥有您的关爱，也为他们开心。祝福您一切顺利。 游游还等着看您的婚纱照呢。”

　　这大概是和刘老师相处两年我跟她说的最多的话。 除了真心想表达感谢，我还有个想法——幼儿园老师是太不容易的工作，希望他们能带着爱和被认可的感受离开，这样也许更多的孩子会遇见更好的老师。

　　最后再说回礼物。 我始终怀抱简单执拗的信念：尊重与爱，以及建立在这个基础上的信任和互相包容，来自点点滴滴的日常沟通。 节日的礼物，如夜空盛放的烟火，它的光华所照亮的周遭，若是丰富美好，定然锦上添花，若是荒凉粗陋，恐怕你我都难免尴尬。

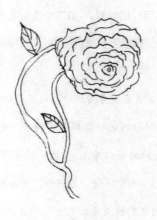

给一位"迷茫"妈妈的回信

在我收到的来自各处的不同妈妈们的来信中，反复反复出现的关键词是"纠结"。该不该断奶？ 要不要做全职妈妈？ 几岁上幼儿园？ 报不报早教班？

今天在我的旧微博里翻找资料，看到一年前给一位妈妈的回信。 嗯。我还隐约记得，她因为上班没有适合的吸奶场所，再加上其他一些烦恼，因此犹豫要不要辞职回家，写信来问我的意见。

把这封回信在这里重发一次，希望也能帮助更多的妈妈缓解她们正在或者将要体验的"纠结"。

陪着陪着就长大了

你好!

不知道该怎么称呼你,但是,首先要谢谢你的信任。

作为一个比你资深一些的妈妈(女儿已经快 4 岁了),我最想告诉你的是:做妈妈注定是一次艰难漫长的旅程,无法完美,没有最佳答案,每一种选择,都意味着一些放弃和失落。

所以,无论你选择继续做上班妈妈,还是回家做全职妈妈,都别期待这个选择能解决你所有的问题。如果怀抱这样的期待,你会很容易从一种烦恼掉入另一种烦恼中去。

听起来有些残酷哈?

其次,虽然艰难且挣扎,但这个过程,不应该始终伴随牺牲、忍耐和磨难。让孩子健康快乐的成长,也不意味着要牺牲妈妈的感受。

给一位"迷茫"妈妈的回信

比如，母乳喂养这件事。母乳喂养当然是对孩子最好最好的事。但是，暂且放下孩子的需求，你能不能安静地评估一下：吸奶这件事带给你的感受是怎样的？给女儿母乳带给你的快乐与满足和吸奶让你承受的不安和焦虑，哪个更大？

因为没有一个让你踏实安心的环境，吸奶过程中你一切的不舒服都是正常的，不需要因此愧疚。但是，你需要问自己：你愿意，或者有能力承受这样的不舒服吗？若答案是否定的，我想，你不必勉强自己。

还有，是否继续工作的问题。同样，放下孩子的需求和经济问题，安静想想，你是个什么样性格的人？你是那种热爱家庭生活，非常享受和孩子在一起的时间，热衷于帮家人打点一切的人吗？或者，你其实更享受工作带来的成就感和忙碌，并不那么喜欢处理居家的各种问题，是个害怕寂寞，喜欢热闹的人？

你是哪种人都没错，重点在于，你需要根据自己的感受来做选择。

说到底，无论你的女儿还是你自己，最需要的，不是一个无限度付出和牺牲的人，而是一个尊重自己感受的快乐的人。

人生那么长，你可以为女儿做的事还有很多很多，这么想着，是不是就不那么纠结当下的每个得失了？

睡不着为什么要数羊

游昨天忽然问我："妈妈，为什么人睡不着就要数羊呢？"我答不出，谁来帮忙回答下？

周末，费了半日口舌，才说服女儿游游跟外婆午睡，这样我可以有点空闲，写完这篇短文。

临睡前，小姑娘走过来抱住我的脖子：妈妈，不跟你睡午觉，我会想你的。说完，竟泪眼汪汪了。我承诺一定会在她起床后立刻出现，给了她"一万个"魔法亲亲，又拉着她的小手把她送到外婆卧室。轻轻拉上卧室门，已经听到门缝传来"外婆，我要讲这本新书"的欢叫。

游游已经4岁多了，依旧有些黏我，而且阶段性的会表现得比较严重。一直记得我的萨提亚老师林文采说过：对孩子来说，睡觉是一种很严重的分离，因为他不知道他睡着之后会去哪里，醒来以后你是不是还在。记得这句话，我便能够比较"纵容"游游睡前的各种拖沓、腻腻乎乎和不情愿。

陪着陪着就长大了

晚上睡前我会和她一起跟家里每个人说晚安，然后讲故事，然后各种抱和亲，然后反反复复说："游游我爱你"和"妈妈我也爱你"，然后躺下，然后可能会聊聊天，然后她可能会说要喝水，然后起来喝水，然后重新躺下，然后会说要尿尿……这个过程，多数很长，有时很短，我尽量能保持平静的心情配合，偶尔也会怒喝一声："你！快！睡！觉！"

是的，即便对四岁多的小朋友来说，睡眠依旧不是件容易事，对于小宝宝，也许麻烦就更多。我在游游满百天的日记里找到这样的记录：

"她少数的'不天使行为'中最严重的一条是：必须抱着哄才睡觉。准确地说，是必须抱着，走来走去地哄。她即使闭着眼，也能准确地知道抱她的人是走着，还是偷懒坐下了。我试过好几次，保持同样的频率摇晃，哼着同样的歌，小心翼翼地慢慢坐下，她无一例外地会在我坐下 5 秒钟后开始吭吭哧哧地表示抗议，我若还不从，她就会涨红了脸，愤怒地挥舞小拳头。"

之后，在她大概 9 个多月的时候，我这样写道：

"每天晚上哄游游睡觉的半小时，是一天中最心无旁骛的时光。任由她吸着自己的拇指然后把口水涂在我下巴上，看她玩自己的脚趾，耐心等她翻过来又翻过去，捏我的鼻子，哼哼叽叽，终于把毛绒绒的小脑袋贴在我额头上睡着了。"

说实话，四年前的感受已经有些模糊，我不知道上面两段记录哪一段更有代表性。不过，以逐渐丰富的妈妈经验，我相信，睡眠一定跟内心直接相连。 你是放松和接纳，或是焦虑和疲惫，感受一定大不相同。 而能够第一时间感应你的心情的，一定是曾与你九个多月血脉相连的宝宝。

所以，你知道我想说什么对吧。

还想说的是，对于我这样的上班妈妈（和我的孩子）来说，睡前时光弥足珍贵。 这大概是一天中我们母女最亲近的时光，所以我能理解她的各种不舍得，也尽量让这段时光甜蜜美好。

而所有与睡眠相关的问题，比如，跟谁睡？ 睡前讲故事还是做游戏？ 一起睡还是分床睡？ 必须到点就睡还说可以再磨蹭一会儿……对我而言，这些问题其实就是一个问题：怎样能让我们的睡前时光轻松、甜蜜、美好。

呵呵，专家们或许不赞同，但是这就是我想跟你们分享的我的睡眠经。

把尿不把尿

　　杂志做一个关于"把尿"的选题。 截稿之前，编辑问我："我找到的三个妈妈对把尿问题的做法全都不一样，而且各有各的道理。 你觉得这样好吗？ 读者会不会还是更期待专业意见或者标准答案啊。"

　　于是我想说说自己的故事。

　　我是坚定的"不把尿"派。 原因之一是我比较懒。 二是我不能接受开裆裤造成的对隐私部位的裸露。 第三，我内心也偷偷地认为"不把尿"是更加先进摩登的做法。

　　游一直穿纸尿裤，省心省力，当然开销也不小。

　　我的网购记录显示，买小马桶是在游 1 岁 3 个月的时候。

　　我的微博记录则是这样的：

　　23 个月：晚上回家，游正把新马桶顶在脑袋上开心地大喊：妈妈你看！

旁边的外公外婆都略显疲惫，满脸是：*what a hard day!* 的感慨。

24个月：我打算从这个夏天训练她开始用小马桶了。所以在家的时候就不给她穿纸尿裤。结果是她不肯坐马桶，也不让把尿（因为自小没把过），也不肯穿纸尿裤了。我昨一天洗了四条小内裤。

25个月：今天，游主动要求坐在小马桶上便便。所以今天，是值得纪念的一天。前两天我还为游不肯坐马桶发愁呢。成长，真是件急不得恼不得的事。

之后，如果我记得没错，她基本就摆脱了白天的纸尿裤，但是夜里一直穿。3岁那年夏天（夏天的温度看来的确是告别纸尿裤的"助推器"啊），她开始不太愿意晚上穿纸尿裤了，但是有 1/3 的时间会尿床。

后来听了同事的建议，晚上感觉她开始翻腾，睡不踏实的时候就轻轻问她：要不要起来尿尿？这样很有效地减少了尿床，但对我这个心里有事就睡不好觉的人来说是很大的折磨。

于是为了能睡好觉，我每晚上了闹铃起来叫她尿尿。后来游自己每晚睡前会问：妈妈，你上尿尿表了吗？

再后来，我最后一次买纸尿裤的记录停止在游3岁2个月。

再再后来，我翻译了一位华裔美国记者，以妈妈和环游世界的记者的双重身份写的育儿书。作为一个环保主义者，作者痛恨纸尿裤的一次性使用带

陪着陪着就长大了

来的巨大浪费，因此她费尽心力地订制了"中国人特殊的'如厕训练裤'，即开裆裤"，不顾一众亲友的反对，让不到两岁的女儿脱掉纸尿裤，像中国小孩一样，提早开始学习自己上厕所。

她在书里写道："许多中国人只是在处理便便问题，而非训练孩子。他们的做法其实就是了解孩子的想法，同时教会他表达自己的需求。"

读到这里，你是不是觉得更乱了？

其实，和绝大多数的育儿问题一样，你也需要听大家的意见，但最重要但是做你自己的决定。

断奶、夜奶及其他

最近陆续跟人聊起母乳喂养的事，说得多了，就觉得应该写点儿什么。但是又总没有个合适的时间整理思路。所以，下面先是一些琐碎的问答，以及，照旧附上当初小游断奶的微博记录。

第一：母乳喂多久合适？

回答：我的理想状态是可以喂到 1 岁半左右。

个人觉得 1 岁以后宝宝对母乳的需求基本是情感大于身体了，如果妈妈觉得时间和身体状况许可，可以接着喂，否则，断了也可以。但是 1 岁前后断奶是太痛苦的事，很多宝宝在这个阶段进入对妈妈依恋的高峰，而且也没办法"晓之以理"，实在纠结。1 岁半以后很多宝宝可以听懂一些道理了，比如"大宝宝应该不吃妈妈的奶了"之类，感觉上，断奶会容易些。

周围也有不少朋友坚持到两岁，很崇拜她们，但我觉得不应该以此做为一个普遍的标准。

陪着陪着就长大了

第二：我为什么断奶？

回答：游游 11 个月的时候，我开始给她断奶。因为 1 个月之后又要出差，所以给了自己 1 个月的断奶"期限"。

不断的出差，是决定断奶的直接原因，从游 4 个月开始，第一年里面出差 4 次，背着吸奶器到处走，都没有影响游的口粮问题（这一点，我很得意。给自己鼓掌一次）。但是，不得不承认，这样的坚持太辛苦了。

而且游游越大，对我的依恋越明显，如前面所说，她每晚吃奶多数是情感的需求了。我无法想象她忽然在某天晚上醒来看不到妈妈会怎么样，所以，希望有这一个月的时间过渡，逐渐断掉夜奶。

第三：夜奶会导致宝宝对妈妈过度依恋吗？

回答：宝宝依恋妈妈，是最正常的事情。我不明白为什么会有人有这样的担心。对于小宝宝来说，让她相信"只要我需要，妈妈就会在"是非常重要的。

所以，很多宝宝还不到 1 岁，妈妈就开始担心"过度依恋"而要断掉夜奶，我觉得是没太大必要的。当然，"夜奶"会让妈妈（尤其是上班妈妈）非常非常辛苦，所以要不要断，是综合考虑自己和宝宝承受力的问题。

以下是游的断奶故事：

给游断奶的过程对我来说非常痛苦。她固执地只要看见我就不肯接受奶瓶；固执地一次次在夜晚醒来，把爸爸扒拉到一边，大哭着找妈妈。查过很多资料，都说"如果宝宝还没有准备好，就不要着急"，但是出差时间一点点迫近，还是很有压力的。

外公外婆都建议让游晚上跟他们睡，认为这样她就不找我了。 我坚决拒绝这种"简单粗暴"的方式。 所以游夜夜哭，我夜夜妥协，直到出差，游还是没有完全断掉夜奶。 我只能提心吊胆地上路了。

我不在家，游只能跟外婆睡。 第一个晚上醒来哭了一次，喝了水就睡了，第二个晚上，第三个晚上，完全没有再醒来要吃奶。

我出差回家的第一个晚上，游又跟我睡，晚上又醒来哭着要奶，我坚持没喂。

第二天，第三天……她不再醒来吃奶了。

断奶成功。

现在偶尔我也会问自己："如果早些让游跟外婆睡，是不是早就断了? 这种一直被我鄙视的，但是是很多人用的传统方式是不是也有用? "

我回答不了。

不过，我了解了，断奶，其实对妈妈才是最大的考验，在那样的纠结中发现，原来不见得是宝宝依赖我们，是我们依赖宝宝。

我也整理了当时断续在微博发的记录，更琐碎一些，但对我而言，的确是一段珍贵的记忆：

陪着陪着就长大了

4 月 23 日

又收到出差通知，时间是 1 个月以后。无奈。我想，大概真的是时候给游游断奶了。默念三遍萨提亚的名言安慰自己："父母总是会以当下之所知所能，做出对孩子最好的选择。"

4 月 25 日

游游挤在我的枕头上睡了，腿搭在我的肚子上。她连续3 天在断奶斗争中获胜，兴高采烈地吃到了妈妈的奶，那个美啊，梦里都笑出声来。

4 月 27 日

奶瓶计划在顺利实施两天后再度搁浅。对付我，游游的必杀技不是哭闹和眼泪，而是无设防的依赖，无怀疑的爱和蜜糖一样的笑脸。

4 月 28 日

每一种分离，都布满纠结的情感，包括隐约的苦痛，雀跃的期待和无法控制的依依不舍。断奶亦如是。另，游游今天 11 个月了。

4 月 29 日

遇见小巫，夸我母乳喂养坚持得好，我有些尴尬，说正在断奶中，并准备了许多说辞。但她只问，你决定了吗？嗯，排除为自己为孩子准备的理由，很多时候最要紧的其实是一个妈妈自己的决定。是的，我决定了。

4 月 30 日

晚 8 点，楼上安静，我独自开一盏灯，以最放松的姿势躺在沙发上，却肌肉僵硬，心跳加速。楼下喧闹，搅拌声，水声，歌声，舞蹈声，一片祥和气氛只为稀释巨大的紧张。是的，这是一天中最特别的时刻，游游吃奶瓶的时刻。

5月3日

一个星期了，断奶毫无成果。游游坚决拒绝吃睡前那顿奶粉，即便吃了，照样在3小时后醒来，若不见我便号哭。外婆开始建议让游游晚点跟她睡，这是个我很难接受的结果。怎么办呢？

5月5日

我料想到了游游的倔强，却完全低估了自己的脆弱。

在育儿这件事上，我常常保持清醒的头脑却说服不了是非不分的内心。大多数的纠结和郁闷都来源于此。

5月6日

是的，我也很享受喂女儿吃奶时的亲密时光。我希望在5月底出差前慢慢断奶，是害怕女儿无法接受我忽然消失的状况。这个过程，缓慢而艰难，但是，或许也是我和她都要接受的成长。

5 月 7 日

外婆再次提议，让游游晚上跟她睡，我差一点就同意了。

5 月 11 日

断奶中期报告：3 周的努力，游游终于开始吃配方奶了。但是仍然在半夜要醒来，不喂奶就号哭＋大喊"奶！奶！奶！"拒绝奶瓶，拒绝安抚奶嘴，拒绝爸爸……怎么办呢，倒计时 10 天。

5 月 12 日

早上，趁游游心情好，我尝试跟她讲道理："你是大宝宝了，不能再吃妈妈的奶了，要吃奶瓶的奶了！"小马刚醒，睡眼惺忪的，我说：爸爸再教育一次。他抱起游游说："你是大宝宝了，妈妈的奶都给爸爸了，你以后只能吃爸爸的奶了。"

陪着陪着就长大了

5 月 23 日

明天就要出差了。游游无知无识的快乐让我的心里五味杂陈。我原本很骄傲自己不是个拖拉的人，看来我错了。断奶仍未最后成功，只能横下一条心离开，把游游留给外公外婆和爸爸。

要出发了。我并不焦躁，也不担忧，我很平静，我只是在收拾行李的时候忘了带身份证而已，出机场丢了箱子上的锁，到酒店发现没有带皮带——所以我 3 天只能穿同一条裤子。是的，生了孩子就变笨。因为，那个小东西，统治了我的心，左右了我的情绪，占用了我的内存，锁定了我的脑细胞。

6 月 2 日

游游已经持续 10 天夜里没有吃奶了。应该算是断奶成功……整个过程持续一月，其间游游最坚决，妈妈最纠结，

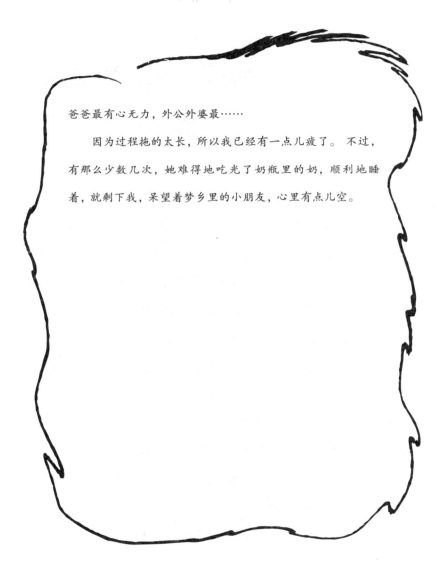

断奶、夜奶及其他

爸爸最有心无力，外公外婆最……

　　因为过程拖的太长，所以我已经有一点儿疲了。 不过，有那么少数几次，她难得地吃光了奶瓶里的奶，顺利地睡着，就剩下我，呆望着梦乡里的小朋友，心里有点儿空。

聊天，很重要的
成长练习题

让孩子愿意跟我们聊天，对于父母来说是非常重要的一件事。除了让日常的亲子关系更加轻松美好，往大了说，当有一天孩子对什么事情心存疑惑，或者真正面对威胁与恐慌，他会在第一时间毫无心理负担地向父母求助，我们也因此会少很多——要是我早知道——的遗憾。

周末的早晨，阳光很好。不用再赶头赶脚地上班上学，也没有安排什么特别的计划，心情很容易就调到懒洋洋频道。游已经梳洗完毕，吃过早餐，在小桌子上画画。我一边喝着咖啡，一边和外婆聊天。

虽然住在一起，但是能安静地跟外公外婆扯扯闲篇的机会并不多。我想讲点能让她开心的事，于是跟外婆说，朋友的朋友真够糊涂的，带孩子出去旅游，到了机场才发现只买了夫妻俩的机票，忘了买孩子的。于是只好临时补票，小朋友是坐头等舱来回的。

我说着就大笑起来，这事儿太离谱，当时跟朋友聊天的时候已经开心好

聊天，很重要的成长练习题

半天了。

外婆说："是啊。 够糊涂。"

然后外婆又说：你们这些当爹妈的，也都是奔四的人了，怎么那么不靠谱。 所以我们怎么可能放心你们。 孩子的事都能搞成这样，别的事哪样做得好。 Blabalbalbal（此处省略 1000 字，历数我过去的种种不靠谱行为）。

于是，周末聊天到此结束。

我无意指责外婆什么，这就是我与我的父母的典型沟通模式。 我猜，在大多数家庭中也出现过。 虽然难免郁闷，但是（毕竟是奔四的人了）多年磨炼已经让我不轻易放弃，稍微调整下情绪，我往往可以知难而进地找找其他话题，娱乐八卦也好，社会新闻也罢，或者，继续被埋怨也好，总之，陪老人说说话，也是我能为他们做的为数不多的事情之一吧。

跑题了。

今天本打算说说我们怎么与孩子聊天。

不对，更合适的题目是：如何让孩子愿意跟我们聊天。

游算说话很早的，大概 10 个月左右开始说一些单音节的词。 这对于一个生活在复杂语言环境（我说略带云南口音的普通话，爸爸说略带天津口音的普通话，外公说不太标准的四川话，外婆说云南话，爷爷奶奶说天津话）里的孩子来说实属不易。 这大概是因为我们全家人跟游在一起的时候都是"话痨"，没有沟通过什么育儿经，但不约而同地都愿意跟游说话，除了读

195

陪着陪着就长大了

故事、念儿歌、也跟她聊天、闲扯，她学我们说话，我们也学她咿咿呀呀。

不过，这样的交流，与现在要说的"聊天"还是很不相同。

最早有了明确的"聊天"需求，是小游上幼儿园之初。和所有的父母一样，我急不可耐地想知道，她不在我身边的这七八个小时里都发生了什么。从那时候开始，每天睡前，我们开始玩一个叫"最快乐的事"的游戏。

关于如何向孩子了解幼儿园的情况，一定已经有很多书籍和专家教过许多技巧，包括：

不要问"今天怎么样？"这种过于宽泛的问题，孩子会不知道从何说起，甚至他们并不明白"怎么样"是什么意思。

但是拜托，也不要问"今天有没有人欺负你？"或者"今天吃饱了没有？"这样的"具体"问题。

所以，我很喜欢"最快乐的事"这个办法（我忘了这是从哪本书里学来的了）。每天睡前，我们三人各自讲一件"我今天最快乐的事"。这样做，第一是有可能（仅仅是可能）将幼儿园生活打开一扇小窗，让我可以窥见少许光影。第二是给孩子一个暗示：幼儿园生活可以是快乐的哦（有点阿Q哈）。

这个方法游一直比较接受。断断续续地，从她上幼儿园开始，直到现在，两年多的时间里我们都在用这样的方式聊天。现在回头来总结，有那么几点可以分享：

第一，别指望孩子说的一定是幼儿园的事，或者甚至不能期待他说的是真实发生的事。

翻翻旧记录，游刚开始说过的"最快乐的事"包括：

- 妈妈的眼睛变绿色了（指我的眼影）。

- 晚饭吃了木耳炒圆白菜。

- 画画的时候把整个苹果都涂成了粉红色。

- 困了（对，她说，我最快乐的事是困了）。

- 妈妈今天早回来。

- 刷牙的时候自己挤牙膏。

- 今天没有最快乐的事（那我就说，哦，好吧，睡吧）。

第二，谨慎地，有克制地追问，少给建议，尽量不评价。

虽然当初选择"最快乐的事"是带有许多具体的目的，但是现在想来，那些小小的对谈最重要的并不是她告诉了我什么，而是让我们都养成了与对方分享事情和心情的习惯。 在这个过程里，小游清楚地接收到了我发出的信息：妈妈愿意听我说话，我什么事情都可以告诉妈妈。

所以，让谈话可以不带压力地、愉快地进行是一切的关键。

对游告诉我的大事小情，我最通常的回答是专注地看着她，说："真的？ 然后呢？"或者"那你觉得呢？"或者只答"哦"，她就会接着说。

孩子有可能告诉你各种事，这些事情里，很可能有许多会在第一时间触动妈妈敏感的神经。比如，被小朋友"欺负"了，没拿到想要的玩具，老师批评了，午觉没睡着之类的。那么，请你一定要控制自己"啊?! 怎么能这样?! 你应该这样这样!"的第一反应，更合适的回答是：是吗? 然后呢? 你怎么办呢?

请记得：

孩子说的很多信息不一定是正确的（他不会存心说谎，只是因为表达能力有限，感受力和逻辑与成人不同而已）。比如，游都5岁了，还是会说：我忘了晚饭吃什么了。要么就是一边说"我吃了6个包子，喝了3碗汤"，一边大嚼外婆做的晚饭。

很多让你觉得不舒服的事情，孩子可能并不以为意。

比如，游会说："今天元元不让我看她带来的书。""哦，那你怎么办呢?"我问。"我就去看别的了。"

很多情况下，孩子就是只想和你说说话，而你要表达的无非就是"我喜欢听你说话"。这样，就已经足够了。

若你就是忍不住，想发表评论，想给她建议，那么，开口之前，希望你偶尔会想起来我在这篇文章开头讲的那个故事。

最后还想说，跟孩子聊天是件非常有趣的事，你第一时间的反应和回答，往往能准确地表达你的个性、你的价值观、甚至你内心隐约的焦虑和恐惧。我觉得吧，比心理测试都准。

成长有没有捷径

倏忽间，游游已经 7 个月了。

7 个月来，我最大的困扰是她的睡眠问题。 怀孕的时候就看过一本关于训练宝宝的作息时间的大厚书，按照书中的训练法，宝宝出生不久就可以以 3 小时为单位规律作息，之后很快将学会自己入睡，到六个月就可以不用夜里醒来吃奶了……这似乎正是我理想中的"天使宝宝"培养计划。

然而小妞有自己的打算。 到现在为止，她夜里仍然每隔 3 个小时就要吃奶。 她一直坚持在凌晨 5 点醒来，然后就兴奋地挥着小手，指挥爸爸妈妈陪她玩儿。 她一定要抱着才能入睡，在睡梦里也不忘抽查妈妈是尽职地陪在她身边，还是擅自离岗，跑出去玩电脑了……

训练法没多少用。 我不忍心在女儿困得要命的时候不让她睡觉，况且，她不管晚上多晚睡，仍然会在 5 点准时醒来。 我也没有办法在她不肯吃奶的时候再强迫她多吃一顿。 事实上，吃得多并不能保证她夜里就不吃。 "睡

陪着陪着就长大了

整夜觉"不再是个值得期待的美好未来，反而因为无法企及而令我在睡眠不足之外又多了很多挫败感。

那么，算了吧。 我开始调整自己的作息时间，早早陪女儿睡，早早陪她起。 我们拆掉了她小床的一侧栏杆，把它和我们的大床拼在一起，方便了我照看女儿，也方便了女儿"查我的岗"。 我也不再试图停掉夜里喂奶，因为我迷恋女儿在我怀里吃得饱饱的满足的样子。

女儿一点点长大了，真的慢慢学会了自己哼哼着入睡，大约是数次确认后相信妈妈会一直在身边，夜里也睡得踏实多了。 而最新的进展是：

她早晨醒来的时间推迟到6点了！！

成长到底在多大程度上可以被训练？ 这其实一直是各学派的专家们争论不休的题目。 作为一本育儿杂志的编辑，我听说过也看到过各种各样的睡觉训练法、技能培养法，大脑锻炼法……而作为一个妈妈，我更大的感受是：成长需要一些耐心。 对于该怎样长大，孩子们有自己的安排，你当然可以为他提供各种软件硬件，但千万不要认为可以因此而创造奇迹，跳过时间的沟壑，直接收获一份完美的人生答卷。

翻看我为女儿写的日记，读到这样的记录：

"4个月的第一天，她在早晨四点半就醒了，兴奋地冲着困得不知身在何处的妈妈挥动着胖胖的小手。 妈妈抱她到隔壁的房间，点亮橘色的台灯，放一支柔和的音乐。 她的毛茸茸的小脑袋轻轻擦着妈妈的脖颈，用小手拉起妈妈的一只手指。

妈妈和游游，在音乐里慢慢跳起来。 这是妈妈三十多年来，跳得最好的一支舞……"

在女儿终于可以睡整夜觉之后，我会不会反而怀念这样的经历？

如果成长果真有捷径，可以省略过程直达终点，你会愿意去走吗？

何谓缺少？如何寻找

某人教育我说，我之所以常有烦恼，是因为要求高。对自己，对别人，对生活的要求太高。好吧，每到烦恼累积，纠结难缠的时候，我就会回头看这个故事，今天，也把它送给你们。

有一个故事我一直特别喜欢。

故事讲的是一个圆，因为缺了一角而不完整，因此深深遗憾并且四处寻觅，相信只有寻回那一角，才可以享受完美的生活。寻找的日子里，因为缺了一角，他走得磕磕碰碰，也因此经历各种风景，结交不一样的朋友，还有各种大大小小的"一角"，不过，都不适合他。

后来这个圆终于找到属于自己的那一角，他们紧紧拥抱，构成了一个非常完美的真正的圆。但是……

但是，因为不再有缺失的牵绊，圆一路滚得飞快。他发现自己再也没有机会享受那些风雨和阳光，也无法停下来，听朋友们说说话。

他终于把那一角轻轻放下，磕磕碰碰地独自上路。 从前的生活才是他想要的，虽然不够完美，但是他现在已经懂得珍惜和享受。

以前看媒体做的人物采访，一直很反感记者问人家：如果某某和某某只能选一个，你将如何决定？ 总觉得这样的提问无非是为寻找噱头而故意为难。 然而经历越多，越发了解，其实，人生有太多的单选题，在答案 A 和答案 B 中真的只能择其一。

比如，在"上班"和"在家带孩子"之间，你必须取舍；比如，在事业和做母亲的先后顺序上，你必须决定；再比如，要不要让孩子在幼儿园全托，是否需要找保姆，以及，让孩子睡在你的大床，还是他自己的小床……

不同的选择，带来不一样的结果，制造不一样的生活，也会因此令我们失去生活的这个角或者那个角。 这个道理所有人都懂，不同的是对待这失去的一角的态度：有人安静，有人烦恼，有人在一直苦苦寻找，也有人闭上眼睛，假装看不到。

而我自己，每一次面对两难的选择，或者遭遇无法平衡的生活，我都会想起这个缺了一角的圆，也因此会问问自己，是否要上路去寻回自己缺的那个角。

这个"缺失的一角"的故事，其实是著名的儿童绘本大师谢尔·希尔弗斯坦为创作的一个儿童故事，被称为是图画书历史上最简单的一本。

生活的道理，有时候比我们想象的要简单很多。 你觉得呢？

Follow Your Heart 有多难

　　自从在微信发了我离职的消息，有很多人留言说：真羡慕你啊，可以"follow your heart"，也断续有朋友发来他们对于工作和生活选择的思考与困惑，希望能得到我的建议。

　　而事实是，过去的这一个月，我非常焦虑和忙乱，常常失眠，总有不知所措之感。借今天回答一位朋友留言的机会，匆忙写了这篇小文字。算是这一段时间的思想汇报。

　　今天在微信后台收到一位朋友的留言，大意是：刚刚决定了要放弃手头安逸的国企工作，去接受一份挑战性的工作。除去个人的辛苦不谈，亲子时间每天要牺牲几乎两个小时。她感慨地说："我选了 A，又想努力平衡 B，真不容易。"

　　最后，这位妈妈想问我："我陪孩子的时间越来越少，未来还会出差，如何不错过观察宝宝的机会？有人说，孩子的天性在前 3 年最容易发现。"

然后她又说"也许我问的问题本身就有问题……"

这是最难的问题，真不是轻轻一句 follow your heart 能应付得来的。

其实我最近几个月也纠结也焦虑，根源是游上小学的问题。

游明年 9 月上小学，从去年开始，就不断有人问我：你家游要去哪里上小学啊？

不是要故意扮超脱，实话讲，若不是那么多人问我，我真没考虑过这个问题。离家不远就有个小学，在我们生活的这个京郊地区来说，不好不坏，而且符合我的"就近"原则。而更现实一些说，作为一个"北漂"的家庭，我们既欠人脉，无法给孩子把户口转到教育资源更好的区域，也无经济实力，能支撑她一路"国际化"，并且，我并不赞同将孩子太早就送去国外上学，至少，她的青春期，应该是和家人在一起（如果她到时候不嫌弃我们的话）。

所以，顺理成章地，在家门口上完幼儿园之后，应该就是继续上家门口的小学吧。

但是，主观原因是总有热心人给我各种建议，告诉我好学校会有多好，以及坏学校会有多差。客观原因是根据北京小升初的新政策，门口小学对口的中学，实在是不怎么样。

所以，当一个朋友再次给我推荐她儿子上的小学的时候，我动心了。

首先，这是个很靠谱的朋友，我相信她的判断。她儿子已经在那所小学上到六年级，她述说的关于学校的种种，打动了我。

其次，这是个民办学校，所以相对于炙手可热的公立学校，这个，努力一下，是可以报上名的。

最大的麻烦是，小学在另一个区域，如果决定去那里上学，我们就得换房、搬家。

在圈子里各种考察，也参加了学校的开放日，我已经比较动心了，于是，过去这两个月的工余时间，我和游爸就各种看房。

而现实情况是这样的：

换房的经济成本比我们想象得要高。由于我坚定地主张不能为游上学的事情牺牲全家的居住条件，所以我们一家老小如果要在我看中的哪个小区买个大房子，未来我们就要背负比较沉重的经济负担。

还有，如你们所知的，我离职了。未来的收入状况不能说会多差，但一定是不稳定的。

在过去的这段时间里，我反复在想这样一些问题：

第一，问答题：好小学的意义有多大？

第二，选择题：

A.为好学校换房子。代价是我们未来好多年可能经济上都不会太宽裕，不能再有"说走就走的旅行"（当然，以前也没多少），以及其他很多与"生活舒适度"有关的消费。我可能会因为经济压力接受更多的，我并不喜欢的工作，陪游的时间会更少。

B.维持原状。 我们可以继续这样傻乎乎的开心地生活，偶尔乱买东西。 我对未来能持有更大的自由度和更多的选择权。 我更容易去做我想做的事情，并且，会有多的时间和游在一起。 当然，代价是普通小学，以及，有可能比较差的中学。

或者，把问题再弄的简单粗暴一些，大概就是这样的：

多花 100 万，让游去上好学校。 而我因此不能有时间陪她，不能给她其他的"好东西"。

省了这 100 万，让游上普通学校。 我可以陪她，带她出去玩，给她买好书好玩具，和她一起经历各种有趣的事情。

在很多次的内心追问之后，

在很多个睡不着的夜晚之后，

在与游爸的反复讨论之后，

在全家的家庭会议之后……

我们决定放弃那个学校，维持现状。

游的外公有句话说得很好：

好学校会因为换了个校长就改变方向，"不好"的学校也会因为遇见一位好老师而注入丰富的营养。 说到底，学校与老师，对我们来说都是不可控因素。 我们能控制的其实只是自己。 所以，为什么要把钱投资在不可控因

陪着陪着就长大了

素上，并因此限制了自己可以控制的资源？

下了决心那天，我长舒一口气，颇有豁然开朗的感慨。

然后我速度地给自己买了个手镯。 然后又速度地给游报名了一门诗歌课。

我老毛病又犯了哈，总是回答不了别人的问题的时候，就扯一堆自己的琐事。

我的确只能跟那位妈妈说：如果你选择这个忙碌的，充满挑战的工作，当然一定会牺牲掉许多和孩子在一起的时间，这个，我不能替你找到更好的办法。

或许，唯一能给的建议是：不要尝试以你的牺牲来成就孩子。 正如我不愿意放弃我相对舒适的生活来换取游游的学校。 父母与孩子，都是自由生长的个体，如果某人的成就必须以某人的牺牲为代价，那么我觉得，这种成就也不能算是真正有价值的"获得"。

现实就那么残酷，每一种获得都必须要以放弃为代价，而你的放弃是否值得，你的获得又有多少价值，都需要放进时间的长河里沉浮多年，才有可能沉淀出答案。

我也不知道我的，以及游游的未来会怎么样，所幸我们在这个当下还有选择。

能有选择，就是生活对我们最大的回馈了吧。

孩子为何不满足，以及何为满足

　　我常说自己是个"轻微购物癖患者"，这个"毛病"在做了妈妈之后更加得到了貌似正大光明的发作机会，再加上工作关系，时常被各种新鲜有趣的育儿产品围绕，"买！买！买！"成了人生关键词之一。

　　也是因为工作关系，与游戏力工作室的李岩老师有过数次关于"满足孩子的欲望"的探讨，获益颇多。

　　我赞同要及时满足孩子的情感需求的观点，也相信在日常生活中能获得充足的自主感和满足感的孩子，自控能力反而会越强。因此我也努力在调整自己的"购物节奏"，减少我的主动购买，而对于小游的需求，则始终持"能满足就尽量满足"的态度。

　　我基本上不拒绝她每次去超市都想"买个棒棒糖"的要求；只要去商店，基本会提前跟她说好能买几个"好礼物"（并且能接受她后来的讨价还价，比之前的协议再多买一个）；我给她在路边小店买过各种廉价玩具（包

陪着陪着就长大了

括缀满艳俗宝石的小魔仙皇冠）；甚至在地摊上买过我极不喜欢的"熊大熊二"的连环画，不过后来曾明确告诉她"这书太没意思了，妈妈一点都不喜欢。"

但是吧，现在 5 岁半的小游，仍然是个（在我看来）物质欲望相当旺盛的孩子。有相当长的一段时间，要求我下班回家必须得给她带个"好礼物"，而且，吃的不算，书不算（下班带本绘本回家，在她看来，算是日常惯例）。若不能如愿，便要哼哼唧唧一阵子。进商店必须得买个啥，否则也会哼唧，或者闷闷不乐一阵子。当然，她要求不高，基本上一张贴纸，一小袋糖，或者一个小本子就能让她很开心。

夏天的时候带她去了趟日本。想象一下吧，这样一个小姑娘进入那样一个满眼是各色 hellokitty、各种认识或不认识的卡通形象、有用或无用但是都无比精致讨喜的小物品的国度。她基本是进任何一个商店都是一副"天哪我完全不知道该买什么好啦！！！"的抓狂状态。而我会稍微限制一下数量，然后基本也就由着她选了。于是买了无数的笔、笔记本、辫绳和发卡（是，她不买玩具，就是对笔、本子和发卡毫无抵抗力）。

其实，花钱不多。但是坦白说，我常常觉得心虚。我不知道她一贯的这种"我想要啊我想要"的状态是否正常，什么时候能有好转。我的"放纵"，到底是给她应有的满足感，还是培养了一颗小小的贪婪的心。

最近（或者说，上幼儿园以后）的新情况是"小朋友有的，我也想

210

孩子为何不满足，以及何为满足

要"，以及"一个不够，最好再来两个"。

举两个例子。

她上周听见她爸爸跟我说迪卡侬也卖儿童网球鞋，我说她已经有一双了，先不着急买吧。于是第二天上网球课前，她就磨磨蹭蹭地穿不好鞋，抱怨鞋子小，不好穿。我检查了一遍，一点也不小。路上我问她：你是不是就是还想再买一双网球鞋？她默默点头。然后说："我觉得万一这双脏了呢，还得有一双换的呀。"

她想要跟幼儿园小朋友一样的转笔刀。因为她已经有转笔刀了，而且当时也是她自己挑的，所以我一直没答应。我告诉她"我们不可能总跟别的小朋友一样"。还讲了"每个人都不一样，世界才丰富多彩有意思"的大道理。但是她始终没放弃，昨天晚上就有这样的对话：

睡觉前我们照例说"今天最快乐的事"。她说："我今天没有最快乐的事，只有不快乐的事。"

"那不快乐的事你也跟我说说吧。"我说。

"就是转笔刀的事，我一想起来就不高兴。小朋友都有那样的转笔刀，我也想有。"

"是所有的小朋友都有吗？"我问。

"不是，但是很多都有。好多花样呢。喧喧的是粉色 hello kitty 的，宝宝的是米菲兔的，还有小猴子的和兔子的。"

"你喜欢什么样的呢？"

"粉色 hello kitty 的。"

"那会不会以后你又喜欢别的样子的了呢？"

"不会的。"

"会不会咱们这次买了这个，以后小朋友又有了别的，你又想要了呢？"

"不会。 我就只想要这个。"

"你觉得，有了这个转笔刀你就快乐了吗？"

"是的。"

我基本打算妥协了。 跟她说："那你问问小朋友是在哪儿买的吧。"

她非常开心，马上答应："好，明天我去问喧喧。"

然后，都快要睡了。 她忽然又说："妈妈，你知道吗，喧喧有一个小蝴蝶的戒指。 是买东西的时候送的。"

我说："哦。"

她接着说："妈妈，你知道吗，我如果再有一个戒指的话，就有 7 个了。"

所以，你们能了解我的恐慌吗？

李岩老师问："你为什么恐慌？"

我当然知道，像我这样一个擅长自省的人，当然知道。

第一，我害怕游不高兴。

"怕游不高兴"也可以拆分成两种微妙的心态。 首先是我不容易接受孩子的坏情绪。

其实很多父母都不能接受孩子的坏情绪，我尤甚。我性格里有很多"讨好"的成分。在心理学的分类里，我应该属于"讨好型人格"。骨子里不愿意周围人不高兴，容易内疚。所以，若不能满足小游的要求，我就会因为她表现出来的不高兴而十分烦躁。

而另一种心态则藏的更深，那就是：游如果不高兴，那就说明我做得不够好，再直白些：说明我不是个好妈妈。

李岩老师又问了："孩子不高兴就等于妈妈做得不够好吗？"

我脱口答："当然不是。"不过，这是在我内心安静、情绪平稳，大脑理智的状态下的答案。很多时候，我并不在这个状态里。

第二，更深层的原因，我厌恶我自己的"购物癖"。

说起来真不好意思，在游反复要求再买一个转笔刀，而我反复拒绝和纠结的过程里，我自己也在反复挣扎——要不要再买一个包。

心里的两个小人在争斗：

"你有许多许多个包了。"

"但是这个真好看啊。"

"作为一个成年人，你应该知道不能把所有觉得好看的东西都买下来。"

"这包好大，能装好多东西。"

"你有好多大包了。"

陪着陪着就长大了

"这个是黑的，我没有黑色的大包。"

"你买上个包的时候，借口不是'冬天就需要颜色鲜艳的包'吗？"

那个包在我反复纠结的过程里下架了。我居然偷偷长出了一口气。

是的，我厌恶自己的这个毛病，延误且不能控制。所以，当游展现出那么那么像我的特质时，我的第一反应就是在心底发出一声尖叫

"你——怎——么——可——以——这——样！！！！"

这声尖叫，与其说是对游，不如说是对我自己。

每一个孩子"问题"的背后，都藏着一个父母的创伤。我们气急败坏，我们尖声惊叫，是因为伤口被揭开的时候，好痛！所以我们第一时间斥责孩子，与其说是想纠正他们的"坏行为"，不如说是为了盖住自己的旧伤口。我这样说，算不算太夸张？

我最近在做两个努力。面对我不能答应的游的需求，第一，我允许她不开心。或者，更准确的说，我在练习让自己可以面对和陪伴她的不开心，并且尽量不内疚。第二，放松一点，让我的拒绝变得更容易接受一些。

在第二点上，受到游戏力讨论小组的小伙伴们启发，我也在尝试各种小游戏。如果游想要什么，我会满口答应，然后再根据情况做各种处理，比如：

游戏一：妈妈被你惊呆了！

很简单，就是我表现出超级惊讶的状态：天哪！我居然答应了你再买一

个啊！ 然后我就惊得张大的嘴合不拢。 她就笑着过来帮我把嘴合上。 顺便轻捏我的脸，玩她最喜欢的"捏包子"游戏：把我的脸捏成各种表情。

游戏二：比比谁要得多。

我说："干脆买 800 个吧！"

她说："不，一万个！"

我说："一万万个！"

然后她就会糊涂，分不清楚哪个比哪个多（这个貌似有点欺负小孩哈）。

游戏三：找地方放。

我问："买来之后放哪儿呢？"

然后我们一起想各种奇怪的地方。 比如，"放爸爸头上吧"。 她会大笑："那爸爸顶着去上班啊？"我说："对啊！ 像这样，这样！"我们于是开始学爸爸头上顶着很多东西摇摇晃晃的样子。

嗯，这些小游戏往往以我们俩笑作一团结束。 我想，它们的意义在于让"拒绝"变得更容易接受。 而我也知道，只要我对自己的焦虑还在，问题就没有彻底解决。 恐怕还是常常会被游戳中软肋，重又纠结。

李岩老师也在问：孩子为什么不满足？ 对"物"的要求背后，真正的需要是什么？

这是更长远的问题，希望过一段时间我能找到答案。

爱是接纳

这是篇 5 年前的旧文字（读着发现，我年轻的时候，似乎也喜欢写类似的"鸡汤文"），如今觉得其实略肤浅了。 我们与孩子间的各种纠缠，远不是一句"接纳"就能成为药方。 不过，还是想分享这篇，想说：当我们恼怒、无奈、甚至失望时，一定要赶快记起来——我那么那么爱他。

在临近预产期的那个星期，我休假在家，断断续续地读了一本关于养育的书。 书里将小宝宝分为天使型、教科书型、敏感型、活跃型和坏脾气型。 刚好同事报了"性格问题"的选题，我开玩笑说：赶紧教我怎么能生个"天使型"的宝宝，该吃的时候吃，睡觉时乖乖睡觉，适应能力超强，不随便哭闹，有甜美的微笑。

说笑归说笑，性格问题带给爸爸妈妈的困惑远不止那么简单。 在我的信箱里常常收到的提问，总结起来，大致是三类：

他为什么不像我？

他为什么不像我期望的那样？

他怎么才能像我期望的那样？

不过，就好像没有一本书可以教给我怎么生一个天使型的宝宝，我们也很难开一剂良药，让你的宝宝的性格朝你期望的方向发展。

读过一个故事。 一只小老鼠不喜欢自己的吱吱声，便赶跑了自己的声音，换成了狮子的吼声。

吱吱声问老鼠："那么我呢，我该怎么办？"

老鼠用新换的狮子的声音吼到："你离我耳朵远点，你弄得我耳朵好痒。"

吱吱声离开了老鼠，在邻近的山坡上，找了个空老鼠洞住下来。

每天晚上它都在等待恐怖的狮子吼声。 每当吼声经过，大地都会颤动。"哦，我的狮子。"吱吱声小声地赞叹着。 之后的每天，它都是在近乎幸福的赞叹声中入睡。

妈妈对孩子的爱，大概就是这样，无分别，不离弃，执着到有那么一点儿愚，却有最强大的包容力。

在说到性格问题的时候又想起这个故事，觉得其实每个妈妈都可以做处理孩子性格问题的高手——只要我们能记得：我们那么爱他。

陪着陪着就长大了

妈妈的爱，最伟大之处，我想是包容。无论我们的孩子是胆小还是莽撞，急躁还是温和，安静或者活力四射，我们都一样爱他们。

首先是爱，因为爱，所以接纳，然后尝试了解，最后，与我们的孩子，与他带给我们的惊喜，平心相对。

其实更爱

工作要求做一次与感恩节相关的图书推荐，又想起了"祖父母"这个题目，在办公室里看好几天关于祖孙的绘本，很多感慨。

为了帮我照顾女儿，爸爸妈妈搬来北京长住。 在这之前的十多年里，我和爸爸妈妈一次性相处最长的时间不超过两个月。 对于和他们在一起的新生活，说实话，我有些惶惑。

如我所料，摩擦无可避免。 我不可救药的购物癖迅速扩张到了女儿身上，每天往家里搬大包小袋，尽是缤纷的小衣服和新鲜的用品玩具。 爸爸妈妈向来节俭，对我兴奋地向他们展示的各色新鲜物件始终持谨慎的怀疑态度。

多年来积累的育儿知识终于有了用武之地，我热情高涨地准备"大干一番"，而在爸爸妈妈眼里，我始终是那个稀里糊涂、连自己的生活都安排不好的小女儿，我的"本本主义"远不及他们的多年经验来得可靠。

陪着陪着就长大了

　　每当遭遇争论，我像小时候一样爱赌气，爸爸妈妈也像从前一样纵容我的坏脾气，因此我总能取得最后的胜利。我仍然热衷于给女儿买东西，习惯在家里宣讲我的育儿理论，爸爸妈妈则悄悄地包揽了给小朋友剪指甲、洗脸、帮她练习抬头……一切的琐碎事。

　　女儿还不到3个月到时候，我要去参加一个为期4天的培训。培训的前一天，女儿像是知道我的安排似的，突然决定不吃奶瓶了。我买来各种奶瓶奶嘴，整晚不睡，努力往小家伙嘴里塞。她却宁可饿着也不吃，只是嗷嗷啼哭。这个意外的事件令我完全乱了方寸，几乎要决定放弃培训。爸爸妈妈却很安静，说："你去吧，放弃不是办法，毕竟，你总要上班的。"

　　我忐忑地离开了家，在课堂上坐立不安。手机在这个时候闪烁起来，是妈妈发来的短信："宝宝刚刚吃了一百毫升奶，现在睡了，她很好。你放心。"

　　泪水，瞬间湿了我的眼睛。

　　我始终认为"隔代育儿矛盾"是一道无解的题，两代人的习惯、需求不同、甚至价值观都有很大差异，怎么可能没有矛盾。但是这些矛盾、争执和摩擦却并不妨碍我们三代人快乐的新生活。甚至，我要感谢这样的生活，令我可以再一次，那么直接真切地感受到爱——我的爸爸妈妈对我的爱。

　　而我最想在这里与大家分享和老人们相处的一点心得，那就是：

　　相信并感激他们，有比我们更多更多的爱。

所有"代班圣诞老公公"，节日快乐

小游今年的圣诞愿望是想要一辆"剪刀车"，就是那种双腿各站一边，靠不停张开合拢来滑行的一种滑板车。鉴于她已经有大小各种车了，我心怀叵测地提醒她：圣诞老公公万一找不到这个呢，你应该再准备一个愿望。于是她的第二个愿望是"想要一个化妆盒"（妈呀，还不如剪刀车呢）。

孩子的圣诞愿望似乎总是各种不靠谱，不知道你会怎么办，我基本上每次都是在各种纠结、各种选择之后，还是决定尽力满足她（虽然，今年我差点就想按我的想法采办礼物，甚至都已经打好腹稿，让圣诞老公公写封信，说：对不起，亲爱的游游，我觉你想要的礼物都不太适合你，所以，我给你准备了一个我觉得更好的礼物）。

哦，这样的圣诞老公公是不是有点讨厌啊。

最后的最后，我跑去买了剪刀车。

游游这两天总哼哼唧唧地说不想睡觉，因为"不喜欢做梦"。

那么，我们来织个捕梦网吧，我说。

于是，睡前半小时，我和游一起，用朋友送的圣诞礼物之一，一个毛线编织器，织了一块小毯子。当然，是粉色的。

"这就是你的捕梦网了，"我把那小毯子挂在床头，说，"它会帮你抓住那些噩梦，你就可以睡个好觉了。"

游开开心心地躺下，睡了。

第二天早上醒来她说："妈妈，真的没做梦哦。"

后来她好几次问过我："妈妈，捕梦网是怎么抓住噩梦的呢？"

"你见过蜘蛛网捕小蚊子吗，捕梦网也是一样，噩梦飞过来的时候，就会被粘在上面。"

"妈妈，你觉得捕梦网真的能抓住噩梦吗？"

我想了想，回答："我相信能。有很多事，只要你相信，就是真的。"

去年圣诞节，编辑部组织了一个小朋友们的烘焙 party，我提议说，要不要找个爸爸来扮圣诞老人？没想到遭到一致反对，理由是：这样小朋友就会知道圣诞老人不是真的了。同事们这样说的时候，我真感动，原来，不止我一个人，在努力维护着一个圣诞梦。

那个圣诞，游的心愿是"白雪公主的裙子"。实话讲我纠结了很久，这分明是个花钱又无用的礼物。我曾经跑遍大小商场，想给她找个平日也能穿的公主裙替代，也想过给她找个白雪公主娃娃，至少摆着还挺好看。最后最

所有"代班圣诞老公公"，节日快乐

后，还是一丝不苟地买了白雪公主的裙子，并且一丝不苟地配上大红的发卡。游无比兴奋，一方面是心愿达成，另一方面是："妈妈，原来真的有圣诞老公公啊。"

转眼又是一个圣诞。不用我提醒，游已经提前很久很久向圣诞老人告白心愿。有时候她也会问我："真的有圣诞老公公吗？"我总是坚决地回答："有啊。"

"那他为什么不给你和爸爸送礼物？"

"因为大人看不见圣诞老公公了。"

"为什么？"

"人长大了，有些小小的，美丽的东西就会看不见了。所以，做小孩多好。对吗？"

"对啊！"

我不知道，等游长到多大，就会像我们大人一样，也看不见圣诞老人了。但是我总跟她说："很多事，只要你相信，就是真的。"

现在我希望她相信，圣诞老公公能听见她的心愿，捕梦网能帮她抓住噩梦。将来我希望她相信，牙仙子会在她枕头下留下硬币，换走她的乳牙。其实，我偶尔也会相信，哈利波特是一个真正的小男孩，只是麻瓜们看不见罢了。

这个星期，朋友圈里都在转那篇《纽约时报》那篇著名的，关于"有没

223

陪着陪着就长大了

有圣诞老人"的社论。 这一段是我最喜欢的，摘下来分享。

没有圣诞老人，

减轻我们痛苦的孩子般的信赖，

诗、爱情故事，

也许全都没有了。

我们人类能体味得到的喜悦，

大概只剩下眼睛能看到的、手能摸到的、身体能感觉到的东西了。

并且，儿童时代充满世界的光明，说不定也会全都消失了。

怎么能说没有圣诞老人呢？

祝你们：

圣诞快乐！

只想做个够好的妈妈

今天，小游 6 岁，我 39 岁。

我们的阴历生日是同一天，所以，我们算是事实上的共同成长。只不过，她是雀跃的，欢快的。我是安然的，静默的。

这样一个大日子，总觉得应该正经写点什么。但是年纪大了，记忆似乎短暂到只留存刚刚过去的几个小时。

早晨送她去上幼儿园，有风，将落叶吹得团团转，风停了，叶子停下来，撒落成一个小圆圈。"哇！妈妈，你看！真好看！"我们拉着手走过去，风又起，叶子围着我们的脚踝绕圈圈，她咯咯笑："好痒痒！"离开叶子堆，已经又走了好长一段路了，她还回头看，说："妈妈，我真想再回去走一遍。"于是我们又慢慢回去，拉着手再走一遍。

然后她问我：为什么夏天也会落叶子呀？为什么风会转圈圈？我问她有没有看见去年那个破了的燕子窝今年又住进了一对燕子。

陪着陪着就长大了

"为什么燕子飞了那么远还能找到路回来？"我问。

"因为它们嘴上有指南针呀，"她肯定地说，"我在书上看到的。"

拖拖拉拉地走一路，自然是又迟到了。把游交给正好进门的隔壁班老师带进去，她冲我挥挥手就走了，我却忽然不放心起来，一直踮着脚，确定看到她进了教室门，才转头回家。

……

这是我们日常一天的开头。今天不用去办公室，所以我足够放松，并且心平气和。但如果我赶着出门，也会慌慌张张，会指责她拖拉。如果她没睡够，也会各种找碴流眼泪，会磨磨唧唧。有时候她会指责我："你这个样子怎么像个当妈妈的！"有时候我也会惶惑："从哪里出来这么样一个小孩？"

不算隔着肚皮互相猜疑的那十个月，我和游相识六年，互相磨炼和锤打了六年。在这个日子，其实非常想问问她："我现在是不是已经有了妈妈的样子？"

我曾经一直为自己的敏感所困，希望我的孩子有蜡笔小新那样的强大内心，百毒不侵（我宁可承受做蜡笔小新妈妈的诸多麻烦）。怀孕的时候，我去问我的心理学老师：如果孩子敏感脆弱，该怎么办？老师说："恭喜她，她能感受到许多许多别人感受不到的美好情感。"

上天真的派来这样一个小孩，和我一模一样的性格，却比我更加有生长的勇气。 我不知道是不是爱她比爱自己容易，但一定是因为爱她，我更容易接纳自己。 很多时候，我需要深吸一口气，随时光回溯，抱抱内心那个不安的小女孩，然后再回来，给游我当年想要的东西：不轻视、不勉强、不催促。 6年来，拉着游的手，我走上一条与我们的情绪彼此磨合，互相关照的路。

我是个生存能力极弱的人，却鬼使神差地选择离家千里的生活，漂泊感像头顶的云彩，在每一个独处的时刻就聚拢来，投下一小片阴影。 所以，以往只要先生不在家，我便也没有回家的意愿，经常长久地在街上晃荡，在咖啡厅发呆。 他出差超过三天，我的劣根性就开始露头，包括：不好好吃饭，熬夜，乱喝很多咖啡，出门忘记带钱，穿不够衣服……

当我终于在臂弯里承担一个生命的重量，在这个大得有些令人惶恐的城市，我才找到安定感。 因为晚上要哄睡，因为早晨会有一双小手定时拍打我头脸，因为多数时间要温和可亲，也因为我希望她安定喜悦，我不得不时时约束自己，时时检查。

不能太晚睡，天凉要添衣，累了要休息，生病及时吃药，抽时间锻炼。我要对自己温和，让自己舒适，我要确保自己健康，精力充沛，生活有条理。 这样，才可以承担"妈妈"的工作。

我内向，不喜交游，不爱张罗事，但我会鼓起勇气主动加游同学妈妈的微信，这样她可以约小朋友到家里来玩。

陪着陪着就长大了

游以前的幼儿园老师来看孩子，我会和游爸忙活一下午召集家长们安排聚餐，让十几个孩子终于见到数日来心心念念的老师。

我甚至有过在幼儿园门前静坐的"壮举"，因为要给孩子们争取一个安全的生活空间。而我最近的苦恼，是如何能给小区里那位养了两条大狗，遛狗的时候却从来不拴着的女士一个适当又有效的警告。

我希望游善良宽容，所以我也试着一点点敲碎自己的小心眼，看看内心有多少可以扩展的空间。我希望游好奇勇敢，天知道我付出多大努力才能在看见一只大菜虫时，咬住已在舌尖的一声惊叫。有时也难免无奈，会对游说：这个吧，妈妈实在是没办法……不过，你可以试试。

是的，因为游，我得以重新看见自己的"能"和"不能"，并且，学习欣然接受。

生日蜡烛吹灭，这一年也差不多过半。年初开列的心愿表，还有一项没能开始，就是——练字。

我的字极丑。若要追原因，一半可以责怪少时经历十数年的文山题海，要最快速度写完作业答完题，于是练就一手蟹爬。我也曾经因字丑而自卑，一度各种需要填写的表格单据定要让先生代笔。不过后来年老皮厚，再学会了自嘲，就不太在乎了。

但是游第一次拿回家园联系册让我填的时候，落笔第一个字我就开始懊恼。我有那么多话要跟老师说，我那么急切地想要描述这个小女孩的种种，可是可是可是，我的字，配不上她欢声笑语，她的蓬勃生气，她的剔透心机。

从那时候起，"练字"便超越了"睡觉"和"减肥"，成为我的头等心愿。

是的，我希望我的字可以配得上"游游的妈妈"这个落款。

常被问到我为什么那么热衷于做妈妈，热衷于与游有关的一切。 其实，游给我的远比我给她的要多。 我的生命总有不可救药的堕落的趋势，她却始终有不可阻挡的向上的力量。 她无所不惧的热情，她简单热烈的挚爱，她蓬勃的生命力，太多时候，是她拉着我前行，告诉我人生多好，值得努力。

亲爱的小孩，自你出生，我再无志向。 只想做个够好的妈妈，配得上此时与你携手，将来同你对望。

谢谢我的女儿游游，她是这一切美好的开始。谢谢游游的爸爸和外公外婆，有他们的分担与包容，才有我码字和胡思乱想的时间。